"中国劳模"系列丛书

U0726751

中国劳模

畅通石油动脉的巾帼豪杰

张春荣

曾逸婷 ◎ 著

吉林出版集团股份有限公司
全国百佳图书出版单位

图书在版编目（CIP）数据

畅通石油动脉的巾帼豪杰：张春荣 / 曾逸婷著. --
长春：吉林出版集团股份有限公司, 2024.9
（"中国劳模"系列丛书 / 徐强主编）
ISBN 978-7-5731-4904-6

Ⅰ.①畅… Ⅱ.①曾… Ⅲ.①张春荣–传记 Ⅳ.
①K826.16

中国国家版本馆CIP数据核字（2024）第082682号

CHANGTONG SHIYOU DONGMAI DE JINGUO HAOJIE：ZHANG CHUNRONG
畅通石油动脉的巾帼豪杰：张春荣

出 版 人	于　强	
主　　编	徐　强	
著　　者	曾逸婷	
组稿统筹	东北师范大学文学院创意写作研究中心	
责任编辑	冯　雪	
装帧设计	刘美丽	

出　　版	吉林出版集团股份有限公司	
发　　行	吉林出版集团社科图书有限公司	
地　　址	吉林省长春市南关区福祉大路5788号　邮编：130118	
印　　刷	唐山富达印务有限公司	
电　　话	0431-81629711（总编办）	
抖 音 号	吉林出版集团社科图书有限公司　37009026326	

开　　本	710 mm×1000 mm　1 / 16	
印　　张	9.5	
字　　数	100 千字	
版　　次	2024 年 9 月第 1 版	
印　　次	2024 年 9 月第 1 次印刷	

书　　号	ISBN 978-7-5731-4904-6	
定　　价	58.00 元	

如有印装质量问题，请与市场营销中心联系调换。0431-81629729

序 言

　　劳动创造财富，劳动创造幸福，劳动创造未来。习近平总书记在2020年全国劳动模范和先进工作者表彰大会上的讲话中指出："全社会要崇尚劳动、见贤思齐，加大对劳动模范和先进工作者的宣传力度，讲好劳模故事、讲好劳动故事、讲好工匠故事，弘扬劳动最光荣、劳动最崇高、劳动最伟大、劳动最美丽的社会风尚。"当今世界，综合国力的竞争归根到底是科技人才和高素质劳动者的竞争。改革开放以来，我们强大的工人队伍用辛勤的劳动和拼搏奉献的精神推动中国制造、中国智造、中国创造走向世界的前列，新时代的中国面貌日新月异。大力弘扬劳模精神、劳动精神、工匠精神，加强高素质技能人才队伍建设，打造一支宏大的知识型、技能型、创新型劳动者队伍，是伟大时代赋予我们的历史责任。

　　劳动模范是民族的精英、人民的楷模，是共和国的功臣。自改革开放以来，广大职工勇立改革潮头，独立自主，奋发图强，勇于创新，其中涌现出一批批全国劳模和大国工匠。他们参与建设了代表中国高度、中国速度、中国深度的一系列重大工程，提升了国家实力，打造了"中国名片"，树立了"中国品牌"，增添了"中国力量"，充分释放出工人阶级的创新活力，展示出大国工匠的强大创造力。他们以工人阶级的满腔热忱在各自平凡的工作岗位上取得了辉煌的成绩，书写了新时代的壮丽篇章。

爱岗敬业、争创一流、艰苦奋斗、勇于创新、淡泊名利、甘于奉献的劳模精神，崇尚劳动、热爱劳动、辛勤劳动、诚实劳动的劳动精神和执着专注、精益求精、一丝不苟、追求卓越的工匠精神，是广大劳动群众在社会生产实践中锤炼形成的弥足珍贵的精神财富，是工人阶级伟大品格的具体体现，是民族精神和时代精神的生动诠释。民族复兴需要劳动模范，祖国强盛需要大国工匠，中国制造、中国智造、中国创造更需要大国工匠的强有力支撑。劳模、工匠等的成长故事、先进事迹中承载的劳模精神、劳动精神和工匠精神，是激励全国各族人民团结奋斗、勇往直前的强大精神力量。

"中国劳模"系列丛书，采用图文结合的方式，讲述全国劳模、大国工匠和先进工作者们的成长经历及他们追梦、筑梦、圆梦的故事，用他们在平凡岗位上创造不平凡业绩的真实故事感染读者，推动形成劳动最光荣、劳动最崇高、劳动最伟大、劳动最美丽的社会风尚，引导广大技术工人和青少年形成劳动光荣、技能宝贵、创造伟大的观念。

"匠心筑梦，强国有我。"新时代是一个万象更新、生机勃勃的时代，也是一个继往开来、创新创业和建功立业的大时代。希望广大读者能以劳动模范为榜样，以大国工匠为楷模，立志技能报国、技术强国，踔厉奋发，勇毅前行，锤炼思想品格，汲取劳动智慧，勇于担当、勤于钻研、甘于奉献，为推进新型工业化和乡村振兴，为加快建设制造强国、质量强国、航天强国、交通强国、网络强国、数字中国、农业强国，全面建设社会主义现代化国家贡献青春力量。

中华全国总工会副主席（兼）

中国航天科技集团有限公司第一研究院

211厂14车间高凤林班组组长

2022年11月

传主简介

  张春荣，女，1973年生，山东东营人，原为中国石油化工股份有限公司胜利油田分公司现河采油厂油气集输管理中心集输工，中国石化集团公司技能大师、齐鲁首席技师，享受国务院政府特殊津贴。先后获得全国五一劳动奖章、全国三八红旗手、山东省劳动模范、齐鲁大工匠和齐鲁工匠等奖项及荣誉称号。

  在石油领域深耕30多年来，她始终扎根一线，将掌握的快速排除分离器故障等5项关键技能应用于集输系统操作规范中；提出并实施的"产输分沉"节点分析操作法，为环保事业做出了贡献；推广的"321"原油脱水全过程控制法，促进了油气处理全密闭；修订的32项行业标准被广泛地应用到了集输站库"四化"建设中；完成了胜利油田新增18类新工艺新设备标准制定及大工种大岗位《集输工》等5部教材和题库的编写工作，为培养更多优秀技能人才提供了有力支持。

作为创新先锋，张春荣共解决152项现场生产难题，撰写31篇技术论文，编写和修订37项（种）标准及教材；实施87项技术革新成果，其中35项成果获国家发明或实用新型专利，12项成果获国家能源化学系统优秀职工技术创新成果奖，5项成果获国家优秀QC（质量控制）成果一等奖，2项成果获全国设备与技术创新成果二等奖。

作为传授者，她成立了"张春荣创新工作室"，带领创新工作室成员实施"工艺缓存池密闭装置""柱塞泵自冷式填料函总成"等技术革新成果69项，提报QC（质量控制）成果18项；提出改善经营建议310条，"金点子"95个；积极推进成果转化11项，累计创效2800余万元。在培养的138名青年员工中，有6人在全国技能大赛中获奖；1人在中石化技能大赛中获得金奖；25人在油田技能竞赛中获奖；27人晋升为技师、高级技师；7人获得全国技术能手、中央企业技术能手和中石化技术能手等荣誉称号。

"在石油的广阔天地里，以创新为引擎，以工匠精神为指南，我们共同书写辉煌的未来！"张春荣深信，只要员工坚守岗位、精进技能、以创新创效为己任，必能在岗位上展现出更大的价值，为国家发展贡献源源不断的动力。

目　录

第一章　清贫岁月铸丰盈童年

扫码解锁

◉群英颂歌◉初心使命
◉工匠技艺◉奋斗底色

不怕吃苦，帮干农活儿

田野里，成熟的麦穗沉甸甸的，远远望去像铺了一块又长又宽的金黄色地毯，它们承载着农民太多的希望。麦田旁有一条逶迤的小路，依偎在丝瓜架上的丝瓜花成了这条小路的指路牌，嗡嗡唱歌的小蜜蜂也仿佛扮演着领路人的角色，一直引向张春荣的家。

张春荣出生在一个贫困但幸福的七口之家，他们一家居住在山东省东营市广饶县颜徐乡三张村里。张春荣的爸爸是一名工人，在颜徐乡广播站工作。但在凭粮票买粮食的20世纪80年代，仅仅靠着爸爸在广播站工作的收入，是难以养活一家七口的。妈妈则承担起了照顾家庭的重担，每天不仅要扛着农具起早贪黑地干农活儿，还要给全家人准备饭菜。

穷人的孩子早当家，年幼的张春荣兄妹三人很早就开始帮着家里做农活儿了。

夏季，小麦成熟了，为了挣更多的工分，年幼的张春荣和妈妈、哥哥、弟弟需要寻找大坪来晒麦粒。小麦收割前，需要清理

⊙ 1980年2月，张春荣（中间排左一）与家人拍摄全家福

大坪上的杂物，妈妈和哥哥除草，张春荣和弟弟拾粪。杂物清理干净后，就可以把小麦运过来了。天刚破晓，张春荣就被妈妈叫起来去大坪劳作，她们需要把堆成小山的麦粒推开摊平，使其均匀受热。不一会儿工夫，大坪上就铺满了金灿灿的麦粒。

大坪不仅是农民的晒麦场，也是孩子们的游乐园。男孩子们在大坪上踢沙包，女孩子们在大坪上跳皮筋，玩得不亦乐乎。但张春荣却始终放心不下麦粒，她手握一根棍子，安静地坐在地上，驱逐着叽叽喳喳来偷吃麦粒的麻雀。

时日如飞，二十多天的收麦结束后，张春荣一家累得瘫坐在大坪上。妈妈一边拍打着张春荣衣服上的灰尘，一边说："孩子们这段时间辛苦了，等到月底，妈妈给你们包饺子吃！"听到这个消息，孩子们收麦的劳累似乎一瞬间消散了，他们纷纷跑到妈妈跟前欢呼雀跃。

张春荣记得，每到夏天，哥哥就会带着她和弟弟去村头玉米地里拔草喂猪，清晨出门，正午归家。烈日似火，玉米地像蒸笼一样，草木都无精打采的在地上变蔫了。而张春荣却仍然精神抖擞，卖力地拔草，一上午的工夫，能拔一大捆野草，一点儿都不比哥哥差。

玉米叶子十分锋利，一旦不小心碰到，就会被割伤。张春荣拔草时不可避免地会碰到玉米叶子，因此，她的胳膊上、腿上留下了一道道的伤口。这些伤口若是沾上些许汗水，她便会感受到疼。可是这些伤痛并没有拖延她拔草的进度，因为她明白，只要她多拔一株草，小猪就能多吃一口饲料长胖一点儿，这样就会多卖一些钱补贴家用，爸爸妈妈的负担也就会减轻一些。

全家拔好的猪草带回家后，一部分直接给猪吃，另一部分则储存起来，等到入冬，再拿出来喂猪。需要储存的猪草要先放在太阳底下晒干，然后用铡刀切碎，再用地排车拉到磨坊磨成面，这样才能保证猪草不会变质。到了冬季，储存好的猪草加上一些玉米面或者米糠，就成了喂猪的上好饲料。

张春荣最喜欢的便是家里养得最久的一头老母猪，它每年都可以下几窝小猪崽儿，这些小猪崽儿能卖钱补贴家用。妈妈也答应过她，等到老母猪年迈到不能下崽儿了，过年的时候就把它杀了，让全家人吃顿荤的解解馋。于是每当喂猪的时候，张春荣总是给老母猪多分些饲料，期盼着它多多下崽儿、快快增肥。将饲料倒在猪料槽里后，张春荣也不舍得离去，只有亲眼看到老母猪吃完饲料才会安心。每每看到老母猪大快朵颐的样子，张春荣都会欢快地说："小猪棒，吃得壮，肥肥胖胖的模样！"

带病上课，勤勉学习

　　张春荣是在村子里上的小学，一个班里只有十几个学生，大家彼此熟识，关系和睦，下课后经常聚在一起玩抓石子、挑棍棍的游戏。学生和老师的关系也很融洽，在课余时间，张春荣会和同学结伴玩耍，与老师聊天谈心。

　　张春荣意识到学习的重要性是在小学三年级时的六一儿童节，那时学校需要选出学生代表参加上级举办的活动，有许多同学报名，张春荣也不例外。公平起见，老师选了几个学习成绩优秀的学生参加此次活动，而张春荣并没有被选上。望着几位同学脸上明媚的笑容和胸前鲜亮的红领巾，她的心里满是羡慕。这件事对张春荣触动很大，她暗下决心一定要好好学习，早日让老师注意到她的闪光点，争取下次能够参加上活动。

　　一天，张春荣正准备上学，却突然闹痢疾，头痛乏力、腹泻高热。爸爸喂张春荣吃过药后，打算替她跟班主任请病假，让她在家里好好休养半天，可她执意要去上学。她一边吃力地背上书包，一边对爸爸说："爸爸，我得去上学，如果缺课的话就学不到知识，考试就得不到好成绩，这样就不能被评上三好学生，老师也就注意不到我了。"爸爸见拗不过她，只得嘱咐她在学校要多注意休息。

当她走进教室，看到老师正在讲台上热情洋溢地上着课，原本略感无力的身体莫名有了力气，一声"报告老师，我来迟了"响彻整个班级。

老师见到重回课堂的张春荣，心里满是惊异，连忙询问张春荣的身体状况。张春荣坚定地对老师说："您放心吧，我能坚持得住，我不想耽误课程。"

听到这话，老师心疼地叫张春荣到座位上坐下，并在全班同学面前表扬她的学习态度："张春荣同学虽然身体不适，但仍坚持上学，不愿意落下一节课。大家都要学习她这种好学不倦、发愤图强的精神，这样以后才能为祖国的发展贡献自己的力量。"原本强提起精神的她，一下振奋起来，精神上的喜悦与自豪抑制住了身体上的疼痛与不适。老师的夸奖就像她学习道路上的明灯，不断激励着她更加刻苦学习。

有志者，事竟成。此后，张春荣的学习成绩一直名列前茅，获得的奖状逐渐贴满了堂屋的墙面。在学校，老师夸她懂事好学，同学们也都愿意向她请教问题；在家里，父母以她为傲，总会在亲朋好友面前夸她学习成绩优异。

执着坚定，刚强不屈

春季，万物生机勃勃，张春荣的爸爸从单位带了两盆绿萝回家，把孩子们叫到跟前，说："娃娃们，看爸爸给你们带回来什么好玩的东西啦？"

"绿萝！"弟弟兴奋地拍了拍手，张春荣也忍不住抚摸着那充满生命力的绿叶。妈妈循声赶来，把胳膊搭在爸爸的肩膀上，对着孩子们说："小家伙们，这两盆绿萝就交给你们了，但你们不能只顾着观赏绿萝的美，而要承担起照料它们的责任，定期浇水，让它们晒太阳，把它们养得生机盎然。"

"没问题！"孩子们异口同声地回答道。哥哥此时又插了一句："我一定会看住他们俩，不让他们把绿萝当饭吃进肚子里！"一家人顿时笑得前仰后合。

张春荣与哥哥、弟弟一起把绿萝搬到院子里可以晒到太阳的地方，每个人都领了任务：哥哥负责给绿萝松土，张春荣负责给绿萝修剪枝叶，弟弟负责给绿萝浇水。就这样，每个人都尽心尽力完成自己的任务，绿萝的叶片越来越油亮，藤条也逐渐爬出花盆。

　　张春荣拿着剪刀正准备给绿萝修剪枝叶，却猛然发现一盆绿萝的叶子尖开始发黑，像被烧焦了一样。她赶紧找到哥哥说明情况，哥哥告诉她可能是天气越来越热，光照过强给它晒伤了，移到阴凉通风的地方就可以了。张春荣点点头，把绿萝搬到堂屋，花费比以往更大的精力来照看这盆绿萝。

　　出乎意料的是，这盆绿萝的状态越来越差，叶片逐渐枯萎掉落，连根部都隐隐有坏死的迹象。

　　哥哥满是惋惜地摇摇头："这盆绿萝可能没救了。"

　　弟弟也搭腔道："要不，咱以后就只照顾那一盆好的绿萝？"

　　张春荣不自觉地抠着手指头，仔细盯着这盆即将枯萎的绿萝，眼里满是不甘，沉思了一会儿，她说："我还是放弃不了这盆绿萝，你们俩好好照料那盆健康的绿萝吧，我想再抢救一下这盆。"

　　哥哥和弟弟满脸诧异，但也都没说什么，只是默默支持着张春荣。

　　张春荣的第一步计划是给这盆绿萝更换土壤。她略微吃力地拿起小铁铲和小木桶，到庄稼地里铲一些较为肥沃、疏松的土壤给绿萝使用。地里的土里有许多杂物，张春荣也不嫌弃，亲手把杂物一点儿一点儿挑拣出去。回到家后，张春荣小心翼翼地给绿萝换新土，就连一只蚂蚁爬到了她的脸上都没有发现。之后，张春荣严格控制绿萝浇水的量和晒太阳的时间：水恰好淹没住绿萝根部的时候就停止浇水；上午九点把绿萝抱出去晒太阳，下午两点时就抱回堂屋。

仿佛心中有了一股执着的信念，一有空闲的时间，张春荣就趴在桌子上端详这盆绿萝。

哥哥不时地劝她："荣荣，实在不行咱就把它扔了吧，你看我跟弟弟养的那盆绿萝，长得多好呀。"

听到这话，张春荣便用双手抱住整个绿萝，生怕有人抢走似的，说："我不，我一定要把这盆绿萝救活！"

张春荣这份坚定的信念似乎真的影响到了绿萝。当放学回家准备给绿萝浇水的时候，她惊喜地发现绿萝的根部变绿了，更让人欣慰的是，它还发了些许新芽。于是，张春荣兴奋地把哥哥喊来看，嘴里念叨着："哥哥，你快看！我就说这盆绿萝还有希望，幸亏没有放弃它。"

哥哥也啧啧称奇，说道："荣荣啊，肯定是你的执着救活了这盆绿萝。"

张春荣心里特别开心，不仅是因为绿萝获得新生，也是为自己的坚持而感到自豪。

通过这件事，张春荣更加认识到执着的力量。在以后的生活工作中，不管遇到什么困难，她都会坚定着自己的目标，从不轻言放弃。

党员妈妈，榜样力量

姥爷去世时，张春荣的妈妈才上小学四年级，为了补贴家用，她只能辍学在家干农活儿。妈妈嫁给爸爸后，由于大伯大学毕业去了外地工作，叔叔也当兵去了，爸爸在乡里上班，家里没有劳动力，于是妈妈不嫌脏、不怕苦，主动承担起劳动责任。

当时生产队的粮食根据工分分配，因此只要生产队有活儿，妈妈就抢着干。就算是急活儿、累活儿，她也总是冲在第一个。张春荣小时候听奶奶说过，妈妈每个月挣的工分比男同志都多，因为只有这样，才能有更多的收入，全家人才不至于挨饿。虽然日子过得很辛苦，但看着一天天累积起来的工分，妈妈的疲倦与劳累也就烟消云散了。

后来，妈妈加入了中国共产党，还成了村里的妇女主任，变得越来越忙碌，可不变的是她吃苦耐劳的精神和爱老护幼的品格。

妈妈时刻以认真负责的态度和高昂饱满的热情对待工作。张春荣印象深刻的一件事就是妈妈晚上冒雨赶到大坪收麦粒。

那天傍晚，妈妈刚从大坪上晒完麦粒回到家，来不及休息，洗了把脸重新打起精神就准备做饭了。这时，妈妈从窗户上看到刚刚还晴朗的天空突然变得乌云密布，根据以往的经验，这是要下大雨的预兆。妈妈立即对张春荣说："大坪上还晒着生产队的麦粒，被雨淋湿了就容易发霉变质，妈妈得赶紧去收麦粒。你在家里要乖乖听哥哥的话，保护自己，照看弟弟，妈妈干完活儿就回来！"说完，她就换上雨鞋，披上雨衣，左手拎着麻袋，右手握着铁锹，嘴上也没闲着，扯着嗓子召唤邻居们一起到大坪抢收麦粒。

晚上10点多，张春荣的妈妈才拖着被雨水打湿的沉重的身子返回家中。看到饭桌上儿女专门给她留的饭菜，妈妈的心里涌起一股暖流。孩子们做饭并不熟练，妈妈一边吃着早已凉透的多油少盐的饭菜，一边压抑着内心的愧疚，嘱咐孩子们以后做饭要节省用油并且记得放适量的盐。

俗话说，百善孝为先，以孝行天下，妈妈很好地诠释了这一点。

张春荣记得，有一次，爷爷生病了，急需用药，但离家最近的药店都在十几公里之外的县城，来回一趟需要两个小时之久。

张春荣想告诉还在上班的爸爸，却被妈妈制止了，她说："你爸爸还在工作呢，别让他担忧了，我去县城给你爷爷取药。"

张春荣挂念道："可是妈妈，你刚做完一场大手术，身体还没有完全康复呢。"

"没关系的，妈妈很快就回来。"妈妈坚定地说道。

于是，张春荣的妈妈骑着老式的"大金鹿"自行车去县城取药，那坚定的背影在张春荣的脑海中始终挥散不去。奶奶嘴边经常挂着的"好儿媳"和大门上经常换新的"五好家庭"牌匾是张春荣妈妈孝心的最好证明，而这种孝敬老人的精神也深深印刻在张春荣的心中。

同时，张春荣的妈妈也是"老吾老以及人之老"的践行者。她十分关心村里孤寡和病重的老人，经常去他们家里探望。妈妈会义务给村里的老人缝制新衣，每当这时，张春荣就会趴在床上，安静地看着妈妈摆弄针线。每逢过年的时候，张春荣家里会蒸白白胖胖的馒头，妈妈会喊张春荣挑些大个的馒头给村里的老人们送去。

妈妈的身影总是忙碌的，她每天也没有心思打扮自己，但胸前一定会戴上党员徽章。看着妈妈胸前永远明亮闪耀的党员徽章，年幼的张春荣心里明白，这是妈妈多年来始终坚持集体利益至上、凡事奋勇当先换来的。在张春荣成长成才的过程中，妈妈便是她学习的榜样。潜移默化中，张春荣逐渐领悟并践行了事事争先、全力以赴的精神，也继承了敬老爱幼的中华民族传统美德。每每遇到挫折或者困难，只要想起妈妈的教导，张春荣便重新振作起来，敢于直面困难、挑战困难、克服困难。

善于创新，勇于实践

20世纪80年代前后，广饶县的农村还没有很多娱乐活动，到了秋天丰收的季节，家家户户都喜欢聚在一起一边做着农活儿，一边闲聊打发时间。白天时，张春荣会跟着家人去玉米地里采摘玉米；一到晚上，吃完饭后，张春荣就会和下班了的爸爸、做完家务活的妈妈、放了学的哥哥弟弟一起边搓着玉米粒，一边聊着家常。

搓玉米粒也是需要分工的，大人们会先借助螺丝刀、锥子等尖锐细长的工具做第一遍处理，每隔两排玉米粒，从玉米的一端捅到另一端，制造一道空隙。这时小孩子就开始接手，把剩下的玉米粒快速地搓下来。

张春荣一家像往常一样聚在一起搓玉米粒，活泼顽皮的弟弟放下手里的玉米，转身盯着爸爸捅玉米，并学着爸爸的样子握住螺丝刀捅玉米。突然，弟弟手里的螺丝刀没有拿稳，一打滑，螺丝刀的尖部就无情地戳破了手皮。霎时，弟弟的小手被鲜血全部染红了。妈妈见状，立即丢掉手里的螺丝刀，抱着弟弟跑到村医的家里治疗。大夫耐心安抚好弟弟，为他清洗伤口，仔细消毒，可等到上药的时候，弟弟再也忍受不住药物刺激带来的疼痛，号啕大哭起来。弟弟的每一滴眼泪都打在张春荣的心里，看着弟弟手上那道深深的伤口，她既心疼弟弟，又在思考着如果有一个便捷安全的搓玉米粒的小工具该多好。回到家后的张春荣心不在焉地搓着玉米，脑子里一直在想如何改进搓玉米的工具。

几天后，张春荣和妈妈在院子里洗衣服，妈妈清洗衣服污渍的方式引起了张春荣的注意。只见妈妈把搓衣板倾斜着固定在洗衣盆里，将脏衣服用水浸湿后放在搓衣板上揉搓，随着妈妈从上至下顺着搓衣板上波浪式的凹槽搓洗着衣服，衣服上面的污渍便被轻轻松松去除了。

看了一会儿，张春荣茅塞顿开，她想，搓衣板能去除污渍，那能不能以搓衣板为参考做一个搓玉米粒的小工具呢？只要找一块像搓衣板一样平整结实的木板，在上面钉上钉子，像洗衣服一样用手把玉米放到木板上顺着钉子往下一推，这样也许就能轻而易举地把玉米粒搓下来。

到了晚上，爸爸刚下班回家，张春荣便迫不及待地把自己白天的想法告诉他。爸爸听完后，惊喜地望向妈妈，看到妈妈满意的微笑，爸爸止不住地夸赞张春荣的点子奇妙又实用。像是想到了什么，爸爸摸着她的小脑袋，郑重地对她说："丫头，你的想法真的很不错，但只有理论没有实践是远远不够的。爸爸支持你付诸行动，把'春荣'牌搓玉米粒小工具给做出来、用起来！"爸爸的话给了张春荣极大的鼓舞。

第二天一大早，张春荣就在院子里翻箱倒柜，寻找做小工具的材料，还把哥哥叫过来做帮手，让哥哥帮她把木板、钉子拼凑在一起。哥哥也觉得很新奇，耐着性子帮张春荣实现她的创意，还不时地提出建议，比如可以依照玉米粒的长度将钉子打个弯儿，这项建议也被"小发明家"愉快地采纳了。暮色降临，由张春荣主创、哥哥协助的一个便捷搓玉米小工具在张春荣的手中诞生了。

吃完晚饭后，她把小工具放到一个精致的盒子里，和哥哥、弟弟一起把这简易的发明摆到正在用螺丝刀搓玉米粒的爸爸妈妈面前。在张春荣期盼又紧张的注视下，爸爸拿起小工具，仔细端详了一会儿，又把一根玉米放在小工具上推起来。令人高兴的是，利用这个小工具，爸爸毫不费力地将一排排玉米粒搓下来。见状，弟弟高兴得蹦起来，为姐姐和哥哥竖起大拇指，爸爸、妈妈也欣慰地直点头，夸女儿是一个有想象力和创造力的好孩子，有当发明家的潜质。渐渐地，这个搓玉米粒的小工具传遍了整个村子，村民们搓玉米粒的效率显著提高，大家都夸张春荣心灵手巧。

玉米粒掉落一地，埋下的却是创新的种子。每每想到初次创造搓玉米粒小工具的那天下午，张春荣总会燃起创新的斗志和信心。

第二章　和油田的不解之缘

扫码解锁
◉群英颂歌 ◉初心使命
◉工匠技艺 ◉奋斗底色

香蕉启示识油田

张春荣的姑妈是一位善良大方、热情开朗的长辈，每次去张春荣的家里都会给孩子们带去许多有趣的东西和有趣的故事，因此张春荣总是盼望着姑妈的到来。

一次，张春荣放学回家，在大门口迎面碰上来看望爷爷奶奶的姑妈和姑父。张春荣立马扑到姑妈的身上，激动地喊着："姑妈来啦！"

姑妈摸了摸张春荣的小脑袋，神秘地说："走，赶紧进屋，姑妈给你带好吃的了。"

"好呀，姑妈，我来帮您提着袋子。"张春荣乖巧地说道。

进屋后，张春荣的姑妈从袋子里掏出了一串香蕉，掰了一根最大最成熟的香蕉递给张春荣，"春荣啊，快来吃你姑父单位分的香蕉，这还是从海南运过来的呢！"

第一次见到香蕉的张春荣小心翼翼地接过姑妈递过来的香蕉，细细观察着。香蕉可真讨喜呀，青青黄黄的，像田野里的庄稼一样，形状弯弯的，摸起来硬硬的，仿佛是从天上摘下的月亮。

张春荣正疑惑着怎么下嘴，姑妈提醒她要先把香蕉皮剥下来才能吃，于是她一边笨拙地剥香蕉皮，一边期待着藏在厚厚果皮之下的果肉的味道。剥开香蕉皮后，白白胖胖的果肉暴露了出来，张春荣忍不住咬了一口，不禁被香蕉的美味折服，香蕉又软又糯，散发着浓郁的果香。

吃完一根香蕉后，她开心地对姑妈说："香蕉可真好吃呀！香香甜甜的，还不用吐核。"

姑妈见张春荣吃得意犹未尽，便说："喜欢吃的话，就再吃一根吧！"

张春荣听后，连忙摆手道："不不不，爷爷奶奶还没吃过香蕉，这些要留给他们吃！"姑妈感动极了，直夸张春荣孝顺。

一家人聚在一起边吃晚饭边聊家常的时候，他们聊到了张春荣姑父的工作。"姑父在哪里工作呀？"张春荣天真地问道。

姑妈自豪地说："他呀，在九二三厂上班。"

张春荣又问道："九二三厂是做什么的呀？"

"九二三厂就是胜利油田，"姑妈说道，又开始鼓励张春荣好好学习，以后可以到九二三厂上班，"春荣呀，你要好好学习，长大后和你姑父一样，也去九二三厂上班。"

张春荣似懂非懂地点了点头。

这时，姑父问张春荣："春荣，想不想知道老一辈石油人的故事呀？"

张春荣一边低头扒拉着饭菜，一边点点头。

从姑父口中，张春荣知道了中国第二大油田——胜利油田被发现的故事，也明白了胜利油田早期被称为"九二三厂"的原因：1962年9月23日，东营地区营2井成为当时全国日产油量最高的一口油井，日产能达到555吨。不过，当时条件十分有限，第一批石油人只能住在干打垒里，喝着盐碱滩的咸水。

晚饭后，姑父给张春荣讲胜利油田的故事，那人拉肩扛的艰苦岁月、战天斗地的会战场面无不让张春荣惊叹不已，她在心里萌发出去见识一下胜利油田的想法。

胜利油田初见时

初中三年，张春荣的成绩一直都很出色。在初三上学期的时候，广饶县举办了一次数学竞赛，她代表颜徐乡莲花中学"出战"，最终取得了广饶县二等奖的好成绩。

过了不久，她收到了通知，要代表广饶县参加东营市举办的数学竞赛。

当听说要去东营市参加比赛的时候，张春荣高兴得合不拢嘴，因为自己马上就可以去到憧憬已久的渤海之湾城市——东营。

之后的每天晚上，张春荣都会在睡前想象着东营市的模样：那边的楼房跟家这边的有什么不一样呢？市里的居民又是什么样的打扮呢？

很快，东营市数学竞赛就要开始了，在比赛前一天晚上，数学老师带着张春荣坐上了从广饶县到东营市的公交车，这也是张春荣第一次走出县城。

在车上，张春荣见到了形形色色的人，有着急进城卖当地土特产的，有走亲访友的，还有去工作或者上学的……一路上见到的人和看到的情景向张春荣展示了丰富多彩的城市生活，有上下摇摆着"驴头"的抽油机，有高耸入云的井架，还有三五成群穿着统一工服的石油工人们……外面的事物对张春荣来说都是新奇的，数学老师早已抵不住困意沉沉睡去，而张春荣在一个半小时的车程中一直观赏着车窗外的新鲜事物。

不知不觉中，公交车已经驶入了东营市，映入眼帘的是路边一排排格外耀眼的高楼。在老师的带领下，张春荣体验了一把在楼房里如厕——很稀奇，也很舒服。

这时，老师对她说："春荣，你知道吗？住进楼房里的人们，早就把笨重的拉风箱淘汰了，他们都用天然气来烧饭、取暖，特别暖和方便。"

张春荣听后，又抬头望了望高楼，心里满是羡慕和向往。

"想在东营逛逛吗？"吃完午饭后，数学老师主动邀请道。

张春荣用力地点点头："想！"

东营处在黄河入海的地方。在这座充满机遇与挑战的城市，张春荣在家属楼旁边见到不停劳作的抽油机，看到了在这片沃土上与家乡完全不同的壮丽景象。张春荣走在这因油而生的东营市的道路上，她感受更多的是一批批石油人的那种拼命也要在荒无人烟的盐碱地上建立起大油田的精气神和创建美丽石油城的决心与勇气。

一生选择影响深

时间如白驹过隙，不知不觉间，张春荣就初中毕业了。正当她愉快地参加学校的毕业典礼时，老师突然把她叫到一旁，悄悄对她说："你妈妈刚刚打了电话过来，说你爸爸突发疾病，好像还很严重，要不你回家去看看？"张春荣听后，心急如焚，火速赶往家中。

到家后，发现妈妈在收拾行李，她迫不及待地问发生了什么事。妈妈手里没有停下收拾行李的动作，声音从堆成山的行李缝中传来："你爸爸的病有些严重，去县医院治病的时候，那边的医生说他们的医疗水平有限，让你爸爸转院到胜利油田中心医院住院。"

"为什么要收拾行李呀？要去很久吗？"张春荣问道。

妈妈略带忧愁地说："胜利油田中心医院离咱们家有50公里那么远，况且也不知道要待多久。"

不一会儿，妈妈收拾好了行李，就带着爸爸看病去了。

爸爸妈妈走后，家里冷清得可怕，就只剩下哥哥、她和弟弟。爸爸的病情始终没有消息，张春荣每天都焦急万分，心里始终不能安宁。这是她第一次与爸爸妈妈分离这么长时间，并且她对爸爸妈妈的状况完全不知情。

哥哥也很忧虑，但他还得承担起照顾弟弟妹妹的责任。他轻声对张春荣说："荣荣，你也别太着急了，没有消息就是最好的消息，况且你过几天就要参加中考了，你一定得打起精神，以最好的状态迎接考试。"

"可是……哥哥，我感觉天都要塌下来了。"张春荣委屈地说道。哥哥也无可奈何，起身和妹妹紧紧相拥在一起。

到了张春荣中考的时候，爸爸妈妈还没有回来。哥哥和弟弟在考场门口目送着张春荣进考场，看到其他同学的身边都有爸爸妈妈陪着，张春荣的心里不免一阵发酸。

很快，中考成绩出来了，录取工作也随即展开。当时的政策是中专先录取，其余的再由高中或者技校录取。不过令人意外的是，一向成绩优异的张春荣，居然没有被填报的中专录取，幸而后来以高分被技校和高中同时录取。

此时的张春荣面临着上高中还是上技校的选择，幸运的是，此时爸爸也出院回家了。听着张春荣报着她的中考成绩，爸爸的嘴角止不住地上扬，他又感觉到张春荣很纠结，便语重心长地对她说："我觉得，上技校挺好的。现在的油田学校招技校生，毕业后还包分配，妥妥的铁饭碗。女孩子家还是得求稳。"

看着张春荣还是很犹豫，爸爸又说："比如你姑父工作的地方，九二三厂，那可是央企，员工的工资呀、福利呀都是很好的，以后要是能成为一名优秀的技术工人也是蛮不错的。"

张春荣手撑着脑袋，低下头认真思索着。她的脑子里闪过许多上次去东营市参加数学竞赛的场景。张春荣想起姑父和她讲的胜利油田的故事，觉得父亲的话也很有道理，于是就点了点头，放弃了上完高中再考大学的想法，确定了走当一名技术工人的道路。

最终，张春荣被胜利石油勘探技校录取。在报到之前，张春荣还并不太了解她选的内燃机专业具体是学什么的，学成之后到底能干什么，只是粗略地了解到油田的工作都是在野外进行的。直到真正来到学校，张春荣才明白内燃机专业是要与钻机、井架朝夕相处的，因此比其他专业要更加艰难困苦，但是她并没有打退堂鼓。既然已经选择了这条道路，那她就一定会拼尽全力去学习专业知识，不怕吃苦、不畏艰辛，努力提升自己，追求美好的未来。

拮据岁月学无止

刚到学校时，张春荣就明显感觉到自己与班里同学的差异。身边十六七岁正值花样年华的"油二代"们，不仅有着扎实的基础知识、良好的家庭条件，还有很多她不是十分熟悉的兴趣爱好。他们会在青春长河里无忧无虑地尽情演唱《同桌的你》《朋友》等在当时很流行的歌曲。而张春荣小小年纪却早已达到"以中有足乐者，不知口体之奉不若人也"的境界，她知道自己无法与同学比这些，就选择让自己遨游在知识的海洋里，通过努力学习专业知识找到航行的明灯。

在节俭的家风影响下，张春荣很早就养成了勤俭节约的好习惯，上了技校后更是有意识地为家里省钱。胜利石油勘探技校每个月都会给学生发放20元的菜票和30斤的饭票，家境优越的学生根本不在乎这些，可对张春荣来说这些却弥足珍贵。

为了减轻家里的负担，除了一些日常生活所需的费用，她再也没主动向家里要过一分钱。一日三餐也是尽量节省，早餐用一碗稀饭、一个馒头加一点儿小咸菜就能对付，午餐和晚餐平常就

⊙ 1989年9月，张春荣（二排左三）刚入技校军训时的照片
⊙ 1992年7月，张春荣（右一）毕业时内燃机一班班委照

买一个馒头和一小份价格便宜的青菜，每星期只吃两次荤菜。虽生活勤俭，但张春荣并不觉得辛苦。

在巨大的责任感和强烈的兴趣引导下，张春荣成功竞选为内燃机一班的班长。学习上，张春荣比其他同学更加刻苦努力，每天早上她都第一个来到教室，晚自习下课后也不会马上离开，而是一个人在教室里坚持读半个小时的书；生活上，她很少做一些荒废光阴的事，每当回到寝室，简单洗漱完就上床睡觉了。这些事情对她来说都是小事情，因为只要通过自己的努力、自律就可以做到，但班级里的工作就没那么容易了。

作为班长，张春荣需要协助老师管理班级的大小事务，当好同学和班主任之间沟通的桥梁，而这对她的沟通与协调能力的要求很高。张春荣不仅要做好班级内的日常各项活动的管理工作，还要维持自习课上的纪律，这也是她刚当上班长的时候最头疼的一项工作。因为班里的同学大部分都是"油二代"，他们之中有的人个性很强，有的人优越感很强，在面对班长张春荣的管理时，他们嘴上不说，也没有表现出来不满，但心里还是很不服气的，要想让这些人对张春荣心服口服，并不是一件很轻松容易的事情。

但幸好，在一个多月的相处后，班里的同学逐渐发觉到了这位农村来的女班长具有超强的班级管理能力，同时也为这个班级做出了很大的牺牲。渐渐地，班里的同学对张春荣的态度由不服转向佩服，他们认可她的为人和工作能力，都主动和张春荣亲近，彼此之间也慢慢地建立起了很深的感情，同学间的关系越来越融洽。

在一开始的专业课学习中，最让张春荣头疼的是机械制图这门课程。之前，她并没有系统地接受过这方面的培训，因此她对立体空间的认识缺乏想象力和创造力，学习机械制图的时候，她遇到了不少困难。

一开始接触这门课程的时候，张春荣会目不转睛地盯着专业老师手上拿的模型教具，再对照着书本上的解说图进行研究，可最终脑子里还是像一团糨糊，无论如何也搞不明白。

张春荣的心里十分着急，她不想把问题留到第二天，于是每每遇到听不懂的知识点，她都会在下课后第一时间追着老师请教，直到把每个细节都弄明白、每个步骤都捋清楚才罢休。

不过张春荣也深刻地意识到，这样下去并不是个办法，仅仅靠着自身的冲劲儿请教老师去解决目前已经发现的问题是远远不能真正提升自己的，解决这一根本性问题的长远方法是建立起成熟的立体空间思维。最有效的办法是亲眼细心观察模型的外观和内部结构，亲手触碰模型的形体，但如何才能获得供自己参考的模型呢？张春荣犯了难。

张春荣背完书后回到寝室，发现舍友的桌子上多了一个用橡皮泥捏出来的小花朵。"怎么样，可爱吗？我自己亲手捏的！"

舍友颇为自豪地跟她说。

张春荣忍不住拿在手里把玩，并夸道："可爱，你的手真巧！"

突然，张春荣灵光一闪，为什么不能用橡皮泥参照着零配件捏出等比例的模型，来供自己学习呢？这样不就可以有效地培养自己的空间想象力了吗？于是，她连忙问舍友橡皮泥是从哪里买到的。

第二天一放学，张春荣就迫不及待地把橡皮泥买了回来，捏成自己需要的零件形状。

但是很快，张春荣就发现了问题，橡皮泥拆封之后，一两天的时间水分就会挥发，这时橡皮泥就会变得越来越硬，反复利用率比较低，一个袋子里的六块橡皮泥只要一周的时间也就用得差不多了。这样算下来，一个月里，光是买橡皮泥就得花将近10元钱，在当时，对于一个农村学生来说，这无疑是一笔不小的开销。思来想去，张春荣做了一个重要的决定：以后每个月只回家一次。

下这个决心，张春荣也是做过激烈的思想斗争的。那时，她最期待的事情就是回到家和父母团聚，但从东营市到广饶县的公交车单趟车费就要2元钱，如果减少回家的次数，那就可以省下一笔路费，这样每个月便能买足够的橡皮泥用来学习了。

功夫不负有心人，张春荣的努力最终也让她收获满满。第一学期，张春荣在机械制图期末考试中得到了95分，成为班里的第一名。更值得称赞的是，平时她会将自己整理的主要知识点和学习收获主动地分享给同学们，帮助他们理解并掌握专业知识，这也极大地推动了班级各项工作的管理。就这样，在技校的学习生涯中，张春荣一直保持着积极进取、奋发努力的精神，全面地发展自己。

正所谓"长风破浪会有时，直挂云帆济沧海"，毕业时的张春荣被学校评为优秀毕业生。在工作实习期间，实习单位考察了他们班在校期间的专业成绩，每个月给张春荣开了比其他同学多20元的工资。至此，张春荣终于找到了能证明自己的地方。

第三章　石油之路的正式启程

扫码解锁

◎群英颂歌 ◎初心使命
◎工匠技艺 ◎奋斗底色

初入职场，迷茫中求索

1992年9月1日，年仅19岁的张春荣从油田胜利石油勘探技校毕业，被分配到向往已久的单位工作——胜利油田滨南采油厂，她的生活就这样和石油紧密联系起来了。

第一天上班的时候，张春荣做好了充足的准备，她穿上了只有重要场合才舍得拿出来的长袖蕾丝白衬衫。

可真正到工作单位报到的时候，她原本激动的心情却被狠狠地泼了一盆冷水。原来她的工作岗位是轻烃操作工，岗位的工作内容与她在学校学习的专业知识迥然不同。

当她拖着行李前往单位分配的员工宿舍时，心里又凉了一截，她住的地方是一排小平房，宿舍开门或者有风的时候，大门便会咣当咣当、嘎吱直响，屋子里唯一的窗户也关不严，住宿条件比较简陋。

安顿好后，张春荣又回到自己的工作岗位上，带着忧虑的心情工作了一整天。她了解到，这个岗位有三四个人，每天基本重复着相同的工作内容，一般就是打扫打扫设备周围的卫生，每隔两个小时巡检一次设备运行情况，填写生产报表之类的活儿。这让张春荣非常苦恼，她在心里犯嘀咕，难道自己上了三年技校学到的知识就要在这里荒废了吗？

在与同事们的交往中，张春荣慢慢地发觉，当扔下书本结束了学习生涯走上工作岗位之后，不少同事会选择并安于这种定时定点又安稳的工作现状。在工作中，即使处于上班时间，他们也会在岗位上抽空聊聊天，甚至会嗑瓜子；在生活上，他们一下班就会跑到歌舞厅或娱乐室消磨时间。长此以往，他们不愿意再学习新知识提高自己，而是逐渐习惯了温水煮青蛙似的生活，尽管这种日子枯燥又乏味，但他们仍心安理得地颓废着，不仅浪费了时间，也消磨了心智。

然而，张春荣却不愿湮没于这单调无味的生活中，在这没有技术性与挑战性的生活模式下，在技校所学到的知识并没怎么发挥作用，也展现不出优势。于是，她开始迷茫起来，思考着现在的生活到底是不是自己一直所追寻的目标。张春荣每天活动在油气处理站那巴掌大的院子里，看着24小时连续运转的设备，她联想到了自己如机械般的工作；在表格上记录设备运行的参数时，便感慨自己也像数字一样被方格框住了；清理着设备上的尘土和打扫院子里的落叶时，也会唏嘘自己逐渐丧失的斗志。

技术之路，萌生新想法

有一次，张春荣下了夜班后，看到设备周围有些杂乱，就主动留下打扫设备卫生。当她干完活儿准备离开时，突然看见技术员小李拿着本子像热锅上的蚂蚁一样飞速赶往机房。

张春荣有些奇怪，本以为自己是最后一个走的，没想到还有人在。她忍不住问道："小李呀，这都到下班的时间了，你怎么不走呀，还这么火急火燎的，去干什么呀？"

"哎，春荣呀，你也没走呢。"技术员小李一边说着一边走进了机房，"也是太巧了，都快下班了，设备参数不太对，我得去机房检查检查。"

张春荣听后也有些好奇，便跟着小李一块儿进入了机房。张春荣一言不发地看着小李围着压缩机转了好几圈，一会儿观察着压力表，不时地摇摇头，一会儿又查验了润滑油，在本子上记录些什么，然后就走出了机房。

张春荣情不自禁地问道："小李，我打扫卫生的时候看压缩机还运转得挺好的，这究竟是怎么回事呀？"

"春荣，是这样的，压缩机现在看着是没什么问题的，但我刚刚分析了一下从昨天夜里到今天的气量，这才意识到这段时间的气量降低了不少，所以我推测是管线的问题，我得再去看看是不是管线的哪个地方穿孔了。"技术员小李解释道。

张春荣点点头，目送着技术员小李的离开。盯着他逐渐远去的背影，张春荣的心里开始感慨，技术人员可真厉害呀，不仅有丰富的理论知识，而且还有充足的技术经验，坐在办公室里查阅着资料就可以发现问题和隐患，站在设备前就可以解决生产上的难题，这不正是自己所向往的吗？

又过了几天，张春荣来上班的时候，看到了技术员小李和同事们都集中在生产现场帮着解决生产上的问题，张春荣按捺不住前去和他们搭话。在张春荣的眼里，他们讨论的样子都很威风，检查修补的动作也很潇洒，她打心眼儿里羡慕他们。

回到了自己的岗位上，张春荣的心里仍然有很大的波动，她止不住地想：我要是和小李他们一样是个技术员，那该有多好呀！可惜自己学历太低了，没有渊博的知识，也缺乏技术，想要从轻烃操作工转变为技术人员，可不是一件容易的事情。想到这儿，张春荣轻轻地叹了口气。

这一天的工作结束后，张春荣回到员工宿舍休息。躺在床上，她又想起了小时候姑父给自己讲的老一辈石油人的艰辛故事，突然意识到，一个人如果只是起点低的话，可以通过后天的学习来补救；可怕的是境界低，这样无论如何也不会取得多高成绩的。"为什么不趁着自己年轻再多学一些专业知识呢？"为了摆脱枯燥乏味的现状，更好地提升自己，张春荣萌发了趁着还年轻继续学习的念头。

1994年3月，石油学校油气储运中专函授有个职工进修的机会，张春荣迫不及待地报了名。在她义无反顾踏上的自学之路上，工人有技术有力量的精神时刻激励着她，终身学习的信念也在不断支持着她，张春荣把工作之余的时间全部高效地利用起来，投入到了自己的成长和蜕变中。

学无止境，进步无尽头

"不服输是她的个性，爱学习是她的一种追求。"这是胜利石油学校油气储运中专班的老师对张春荣的评价。

那个时候，张春荣把自己的时间安排得非常满，白天的时候就跟着老师傅学习标准化操作，主要内容有怎样全面地把握在日常工作中应该注意的事项、如何判断关键巡检点，以及如何判断及处理常见设备的故障点等。同时，自己的本职工作也干得有条不紊，没有丝毫的懈怠。到了晚上，她就会把当天学习并掌握的技能要领一条一条地整理在专门的小本子上，每天随身携带着，工作之余就会掏出来一遍一遍地翻看，慢慢地，小本子都被翻得纸张卷边破损了。张春荣依然保持着不懂就问、不拖延的学习习惯，如果遇到理解不了的知识点，就会立即向老师傅请教。

坚持自己的追求不容易，但不受外界诱惑更难。张春荣不仅做到了时刻坚定自己的理想追求，还能自觉抵御周围环境的诱惑。当她在岗位上工作的时候，同岗的同事会趁工作之隙低声问她："春荣，咱们下班后一起去歌舞厅跳舞吧！"当她值完班刚准备下班时，有的同事会邀请她："晚上来我家吃饭吧，我亲自下厨！吃完饭咱们还能凑一块儿打牌呢。"当她翻着小本子巩固所学知识的时候，同事有时候也会说："春荣啊，你看看你，都快学呆了，我都一个多月没见你出去玩过了，走走走，咱们一起去看电影，这段时间上映了一部超级棒的电影！"

面对同事们种种热情的邀请，张春荣一直不为所动，每次都以"四肢不协调""晚上有别的事"为借口推脱了。

每天晚上，漆黑而又安静的员工寝室楼里，张春荣的宿舍永远灯火通明。她笔直地坐在桌边，一会儿抱着集输专业书籍，不停地做着笔记学习；一会儿一边抱着制图板，思考着自己所在油气处理站的流程、设备，一边在纸上专心致志地画着流程图，好不繁忙。虽然辛苦，但张春荣始终没有产生过放弃的念头，而是一天比一天效率更高，一天比一天学得更多。

不积跬步，无以至千里。仅用了三个月的时间，张春荣就在理论和实践上都有了飞跃式进步。理论上，经过每天晚上对知识点的复习、巩固、提高，再加上技校时期捏橡皮泥锻炼出来的立体空间意识和打下的好底子，张春荣只要看到一个又一个生产现场，脑海里就能立即浮现出一幅又一幅画面。实践上，通过老师傅的指导，张春荣已经把老师傅长期实践所形成的方法转变成自己所能熟练掌握的技能。而这时，张春荣便有了可以独立顶岗操作的能力了。

这时的张春荣也对维修工作产生了新的感悟："当你坐在办公室里不必一趟趟跑出去处理生产事故的时候，当维修师傅们不再出现在设备间的时候，是一个单位效益最好的时候。"这话说得一点儿也没错，如果每个人都有足够的能力把设备保养到位，参数一直控制在最佳范围，那么这也正是设备高效运行的最好状态。

在一次值班中，班长安排张春荣去巡检设备。就在她认真检查时，突然发现压力滤罐取样管线穿孔了，这可不妙，如果不及时处理的话，就会污染设备，影响现场的"三标"，情况十分紧急。于是她连忙跑到班长的办公室，将情况及时准确地汇报给班长。

班长听后，立即三步并作两步，匆忙冲进厂房，熟练地打开压力钳，将一根铁管放在上面，用力夹紧，从工具箱中找到锯弓齐口，接着，又拿起铰板套丝机开始对钢管进行套丝，熟练地完成了量取管段、割取、套丝的一系列过程，没到三分钟，就做成了一根300毫米长的双头丝护钢管，并且顺利完成了穿孔管段的更换任务。

张春荣在班长背后安静地看他熟练地操作各种工具，想要学习如何使用工具的心情达到了顶峰。她向班长说明了自己想和他学习技巧的想法，班长也很爽快地答应了。因此，只要有空闲时间，张春荣就会积极地拉着班长一起去工房，学习铰板套丝机的使用方法。从简单的铰板套丝机的选牙、装牙、卸牙，再到复杂铰板的正确使用，小把的用力大小及牙块压入钢管的深度，丝扣的锥度及长度等，都要经过系统的不间断的学习，这样才能逐渐摸索出其中的操作要领，并形成自己的操作习惯。

尽管当时看着班长操作得十分简单，但真要自己实践起来还是有一定难度的。那短短不到三分钟的操作，张春荣整整学习了三个月。她都不记得用掉了多少根钢管，也数不清自己手上有多少道伤疤，更意识不到有多少天累到躺床上瞬间就能睡着。但功夫不负有心人，通过坚持不懈的努力，张春荣终于熟练地掌握了加工钢管套丝和更换穿孔管段的技术，而她手上的疤痕已经成为她终身的荣誉勋章。

有一次，技术员小李在做工艺技术优化方案的时候，怎么也想不通某一部分该如何解决，这时他想到了最近一直勤学苦练的张春荣，于是他带着自己做的方案找到了张春荣，并说："张姐呀，你快来帮我研究研究这工艺技术优化方案该怎么做。生产现场有两根交叉运行的管线，从图纸上应该如何表示出来呢？"

　　张春荣见小李这么相信自己，心里很是感动，伸手接过小李的图纸，看了他做的方案，一下就看明白了。为了让小李理解得更加透彻，她把小李带到了生产现场，对照着方案上的流程，手把手地教他用相应的图示在图纸上清楚地标注出来。当得到小李的感谢和称赞后，张春荣的心里别提有多高兴了。

　　然而，身边有许多同事都不理解张春荣继续学习的做法，他们会劝张春荣："咱们都是普通工人，学那么多知识技巧干啥，既不能涨工资，又不能提拔成干部。"不过她的父母从小就教会她一个道理——技多不压身，有什么都不如有文化，有什么都不如有一技。因此，在她自己的坚持和家庭良好教育观的影响下，张春荣从来都不会因为这种言论而动摇提升自己的想法，不断学习、充实自己早已成为她永远不会改变的人生信条。

　　有些人到了某个年龄就害怕并抵制改变，就像张春荣周围的大部分同事一样，找到稳定的工作能养活自己后就安于现状，不愿继续成长；可还有些人却不停地往前走，就像张春荣一样，一直追求并创造自己所想要的新的成就。张春荣一直相信着这样一句话：人生总是因为你还能学习，还能改变，还能成长，才有价值。

第四章　新起点开启新征程

扫码解锁

◎群英颂歌◎初心使命
◎工匠技艺◎奋斗底色

调职联合站，努力成骨干

1996年，由于工作上的调整，张春荣来到了现河采油厂郝现联合站工作。

相较于规模较小的油气处理站，郝现联合站的工作环境和条件要好太多了。结构上，其不仅有先进的油水处理系统，还有轻烃装置；配置上，郝现联合站的人员数量很多，而且综合素质也很强，都是像张春荣一样做事认真、恪尽职守、好学不倦的人；成就上，当时的郝现联合站是培养出优秀人才最多的一座联合站。

当得知自己要调整工作岗位的时候，张春荣欣喜若狂，因为她不仅可以继续学习新知识、新技能，还可以跳出之前的舒适圈，应对新挑战，所以她十分珍惜这次机会。

刚成为一名集输工时，张春荣还是很自信的，她原以为函授中专两年来的油气储运专业学习可以帮助她很快地进入角色、适应岗位。然而，让张春荣始料不及的是，真干起集输工具体的活儿来，还是很吃力的，仅仅依靠书本学来的知识永远代替不了现场实践得出的经验。不论是管理上的新要求，还是操作上的新规

⊙ 1996年，张春荣的工作单位——现河采油厂

范，每一样都得从头开始，现学现用。

此时的张春荣并没有退缩，她重新燃起继续学习的念头，决心要牢牢掌握管理要求和操作规范。

在学习操作要领的时候，张春荣之前所学的油气储运专业知识派上了不小的用场，同时，她又借助毕业设计的机会，找到站上的技术人员，问其要来了郝现联合站的流程图纸，将自己的专业知识理论和站上的实践相结合，开始了细致的学习研究。

不过，郝现联合站的地下管网太多，并且自己对流程图纸知之甚少，因此张春荣学习研究了一周的时间，依旧是一头雾水。于是，张春荣开始临摹图纸，大到储罐的结构，小到一个阀门，她都不会放过，一步一步地弄清楚。有时遇到看不明白的地方，她就会找老员工请教。

经过了一个多月的努力，张春荣终于有了收获，她不仅把郝现联合站整个地上、地下的管网设备"摸"了个遍，而且熟练地掌握了地上、地下的集输管网走向、设备用途和油气处理工艺，能绘制出全站设备的结构流程图。

最终，张春荣如愿以偿地具有了胜任郝现联合站八个岗位的能力，工作越来越得心应手，成了站上的一名生产骨干。可她并没有骄傲自负，她觉得自己只是又完成了一个"小目标"而已。当面对同事们的夸赞时，她会说："我只不过是一步一步地走好了脚下的路，做了自己应该做的事。"

洞察流程漏洞，解决生产问题

站库的结构十分复杂，各设备上面的阀门也非常多。为了方便管理，郝现联合站专门为每个设备、每个阀门都定制了牌子，上面清楚地写着该设备或阀门的型号、用途等方面的内容。

有一天值夜班的时候，张春荣去罐区倒流程，习惯性地看了一眼各个阀门的牌子，突然发现有个DN500的阀门上挂着的牌子，上面写的是"出口阀门"，她立即感觉不太对劲儿，回到办公室翻出自己画的流程图，又来到了这个阀门前核验一遍，果然发现了问题。

张春荣赶紧把值班班长冯军伟找了过来，说："班长，你快看，这个阀门的牌子可能是挂错了，应该是'进口阀门'才对。"

"怎么会呢？这个牌子都挂了这么长时间了，没道理会出错呀！"冯军伟的第一反应就是张春荣弄错了，他觉得张春荣是刚到站上的新人，仍处在学习阶段，对站库的工艺没有太深入的了解。

张春荣见状，拿出自己画的流程图，带着冯军伟，来到现场沿着储罐的进出口流程一路来到这个问题阀门跟前，冯军伟这才发现了问题。

"这个牌子上的名称确实不对。春荣，你可真厉害呀，这么多老员工都没有发现的问题，你一个刚到站上的新人就看出不对劲儿了，看来你为了适应这儿的工作花了不少心思！"冯军伟一边说着，一边向张春荣竖起了大拇指。

还有一次，油气分离岗的员工因病请假了，他的工作也没有同岗位的同事能够交接，于是张春荣自告奋勇，主动揽下了这个活儿，和冯军伟一同承担起了油气分离岗的当班任务。

调液位、调压力、调流量，这些都是她从来没有接触过的工作，且任务复杂繁多，挑战性较强。幸好，在郝现联合站几个月的知识积累帮了大忙，再加上张春荣自身强大的抗压能力，最后比较顺利地完成了任务。

通过这件事，张春荣意识到是自己前期学到的专业知识帮助她在工作岗位上更加得心应手，所以她认定坚持终身学习一定是有用的。她再次感受到了学习的重要性，更加乐于学习，因为她明白，这样便能通过技术手段来解决今后遇到的问题。

自此，不论哪个岗位上有员工因事或者因病请假，张春荣都能及时接替，忙得不亦乐乎。渐渐地，她成了值班班长冯军伟的一名得力干将，同事们也都亲切地称呼她为"班副"。

第五章　婚姻与工作和谐交织

扫码解锁

◉群英颂歌 ◉初心使命
◉工匠技艺 ◉奋斗底色

家庭学业，双管齐下

1997年，张春荣与爱人步入了婚姻的殿堂。夫妻俩都来自农村，家庭条件并不宽裕，婚后，夫妻俩都努力工作赚钱养家。一开始，他们并没有足够的存款买房，于是打算申请单位的福利房，可惜因工作年限太短，不符合申请条件，就只能作罢。最终，在同事的推荐下，张春荣从单位那里申请到了一间小小的职工公寓，这才有了属于自己的家。

同年，刚结完婚的张春荣并没有放松下来，而是又一次报考了职工大学，这一次她选择了计算机使用与维护专业。

她的一些同事听说后，非但不理解，反而还笑话她。有人调侃："春荣呀，你这才刚结婚，不多花点时间陪陪丈夫，还出来学习干吗呀？"还有人泼冷水："你这是报了个什么新鲜专业呀，电脑那么贵，又没有多少人有，根本就没有普及推广的机会，你学完了又有啥用呢？"然而张春荣的学习兴趣依旧高涨，那时她的想法是，虽然目前的电脑是昂贵的新鲜的高科技玩意儿，但随着科技的不断发展，说不定以后电脑量产后就会大减价，到时候就能实现人手一台，所以提前学习总是没错的。

那时候的张春荣把全部身心都扑到了学习上，一刻也不愿意停止。平时张春荣依旧认真完成工作上的任务，但只要有空，就会见缝插针地把计算机专业书拿出来学习。

1998年底，张春荣在家里巩固知识的时候，突然感觉身体不适，到医院一检查才知道自己怀孕了。可是肚子里的小生命也没有阻挡张春荣学习的步伐。下了夜班后，张春荣会拖着渐渐沉重的身体，马不停蹄地赶公交车，只为了能准时赶上职工大学晚上8点钟的第一堂课。

孕后期的张春荣精力逐渐跟不上了，不仅大把大把掉头发，反应力也明显变差，憔悴得不得了。可每次她和爸爸妈妈打电话的时候，都说自己还在学习。爸爸妈妈都替她担心，止不住地"教育"她："孩子都快生了，你还这么拼命干什么？万一，万一你跟孩子有个什么三长两短的，可别想着找后悔药吃！"

张春荣一身倔脾气，她对爸爸妈妈说："没事儿，这点儿压力我能克服！"

1999年夏季最热的时候，浑身浮肿的张春荣仍然坚持挺着大肚子来参加学习考试。考试途中，张春荣就隐隐感觉肚子作痛，但仍然选择忍着不适完成考试。考试结束，她才前往医院，不久之后，生了一个可爱的女儿，母女平安。

命运仿佛一直眷顾着这位乐于拼搏的人，给了她一个象征着平安的果实。有时她也会坦言，感觉当时自己确实不顾后果，后来想想也挺后怕的，但她并不后悔，学到的知识技能已经成为她永远的财富。她拉着刚出生的女儿的小手，轻声地说道："闺女，在妈妈肚子里遭了不少罪吧？妈妈呢，从小在农村长大，是农民的女儿，就得靠不断地学习、不断地进步，来实现自己的梦想。妈妈在这里跟你道歉，同时也希望你以后也成为一个爱学习的乖宝宝。"

二人世界变为了一家三口，可他们还是挤在单位的公寓里。为了让这个家更温馨，张春荣在房子中间挂了个布帘，这样就将房间分为了卧室和客厅两个部分。房间面积小，家具也少得可怜，一张双人床、一组沙发和一台电视机就是全部的家当了。

然而，简陋的家庭环境并没有影响到张春荣的学习。她凭着一股韧劲儿、一颗上进心，不断地将目光投向更遥远的未来，实现一个又一个梦想。令人佩服的是，张春荣在职工大学的四年学习中所有科目全部一次性通过，并在2001年顺利毕业。

通过这段时间的不断学习，张春荣不仅掌握了油气处理及储运知识，还系统地学习了计算机操作及故障处理等相关知识，这为她以后利用信息自动化技术解决集输生产难题提供了很大的帮助。

夫妻携手，共创佳绩

2000年的一天，张春荣正和爱人一起在家照顾女儿，突然透过窗户看到邻居马敬海师傅正领着一群职工出门。闲不住的张春荣走出门，好奇地问："马师傅，你们这是去哪里呀？"

"今年采油厂正好举办两年一届的技能比武，他们都想参赛，我就带着他们去练兵场练练，选拔选手参加比赛。"马敬海师傅停住脚步，把采油厂技能比武的消息告诉了张春荣。

张春荣顿时就来了兴趣，她迫不及待地又问："那我可以参加比赛吗？"

"当然啦，厂里的人都能报名。不过备战技能比武可是很艰苦的，这大热天的，可别把你给晒出好歹来。"马敬海师傅说完便走了。

望着马敬海师傅远去的背影，又想起尚在襁褓中的女儿，张春荣的心里十分纠结。最后，她像下定了某种决心，转身回到家和爱人商量参加下一届技能比武的计划。她的爱人也很尊重并理解她，同时也对技能比武产生了兴趣，提出可以一起报名参赛的想法。

于是，2002年夏天，当两年一届的技能比武的通知下来后，夫妻俩都第一时间报名参加了各自单位组织的技能比武。为了有更多的时间备战，张春荣把两岁的女儿送进了幼儿园托管班。孩子不用自己费心了，夫妻俩就可以把更多的精力投入到这次技能比武中，毫无顾虑地准备比赛了。

练兵场离张春荣当时居住的职工公寓不远，步行五六分钟就能到，可并不是每次来到练兵场都有机会练习。这里聚集着十五六个同样准备参赛的选手，他们每天都拿着扳手围着泵重复着拆了装、装了又拆的动作。由于练兵场设备短缺，只有一台泵供选手们练习，每位选手一天也没有几次机会能摸到泵。张春荣看在眼里，急在心里，她想痛痛快快地练习一整天，可又不能独占练兵场。

更让张春荣焦虑的是，她还不是很习惯用扳手，不是扳手打反了，就是打着打着扳手便开始打滑。装泵的时候，还得依照泵上面的螺栓找到型号适配的扳手，而泵头也十分难对合，如果找不到合适的位置，费九牛二虎之力也装不上。因此，刚开始练习的时候，张春荣完成整个操作过程所耗费的时间经常比规定的时间多出了四五倍。

于是，张春荣就趁着中午大部分人都在吃饭的时间，火速填饱肚子后，赶到练兵场上"开小灶"。当时正值三伏天，中午的太阳是最毒辣的，可练兵场周围连一块能遮阳的阴凉地都没有，太阳照得人睁不开眼睛，就连扳手也被晒得烫手。但只有此时的练兵场没人，这样她便能如愿以偿地独自占有唯一的一台泵不断练习。张春荣找来了一条丝巾护住脸，又戴上了工帽，穿着长袖长裤，把全身裹得严严实实的，拿起扳手就反反复复练习拆泵和装泵。被扳手磨出水泡的手并没有降低她拆泵的速度，被汗水浸湿的衣衫也没有减少她装泵的次数。

那段时间，张春荣白天在练兵场练习技能操作，下班后就赶往幼儿园托管班接女儿，给她做饭、陪她玩游戏，晚上9点哄女儿睡觉。等孩子睡着后，张春荣又开始坐在沙发上挑灯夜学，学困了就躺下眯会儿，睡醒了又坐起来学习。甚至在白天工作的时候，张春荣还在回顾知识点，嘴里不停地小声嘟囔着操作要领。身边的同事都忍不住吐槽她："春荣呀，你这是学傻了吧！"张春荣不好意思地挠挠头，但却没有后悔过，她始终相信一分耕耘一分收获的道理，付出的努力和汗水总会有所收获。

很快，技能比武正式开始了。

今年参加比武的选手都是历年来有经验和实力的老手，只有张春荣是第一次参加比赛的新手。但张春荣仍然泰然自若，不被竞争对手所影响，从容不迫地按自己的节奏完成一个又一个项目。几个项目下来，张春荣的综合成绩名列第三，成为成绩榜上最亮眼的黑马。最终，张春荣的功夫没有白费，在所有技能操作都比拼完后，她的综合成绩稳居第一名，这不仅大大超出了张春荣的预期，也给在场的评委们和其他参赛选手留下了深刻印象。

当张春荣欣喜若狂地回到家告诉爱人自己取得技能比武第一名的好成绩时，爱人也带来了一个好消息——他也夺得了自己所在单位技能竞赛的第一名，这真是好事成双啊。而这一年，更加让夫妻二人高兴的是，他们也从技能比武前的仅有20平方米的职工公寓一下子搬到了60平方米的又大又干净的新房子。

尽管技能比武结束了，但是张春荣并没有把从中学习的技能要领扔到脑后，而是反思技能比武中出现的问题，不断地查缺补漏，更好地掌握技能。此外，她还要给单位的同事传授经验，因此她的爱人就承担起装修新房和照顾女儿的重任。

在装修房子期间，白天，爱人既要接送女儿上下学，又不能耽误正常工作，还得忙着洗衣服、做饭；晚上，要带着女儿一起到新房验收装修工作。

家里装修房子都是爱人一手张罗的，张春荣在新房装修好前都没来看过一眼，甚至和女儿都没有见过几次面，这还闹出了一则笑话：连续两个月的装修工作中，装修工人都没见到女主人张春荣的身影，他看着劳心费神的爱人和略显瘦弱的孩子，忍不住说了一句："兄弟呀，咱还年轻，可别亏着自己呀！"

张春荣的爱人哭笑不得，连忙解释道："您误会啦，我媳妇忙着工作学习呢，没有多余的时间装修新房了，我多操点儿心，她就能安心干自己的事儿了。"装修工人这才恍然大悟，不再胡乱猜测。

操劳过度的爱人因上火满嘴都起了水泡，张春荣见了满是心疼和感动，而爱人却告诉她，生活总是苦尽甘来的，张春荣点点头，也明白了爱人的良苦用心。

工作不止，尽孝为先

夺得了采油厂举办的两年一届的技能比武第一名的好成绩后，兴奋不已的张春荣难掩激动的心情，兴高采烈地给在老家的妈妈打电话报喜："老妈，您跟老爸在家干啥呢？还记得两个月前和你俩说的技能比武吗？我获得了第一名！"

想象中妈妈的高兴和自豪的话语并没有出现，妈妈在电话那头哽咽地说："孩子啊，你爸他……他被查出来得了癌症……"

原来，在张春荣把全部精力都投入到备战技能比武的那两个月，五十多岁的爸爸得了重病，身体状况急剧下降，频繁地住院，妈妈也在没日没夜地照顾爸爸。妈妈怕张春荣分心，影响比赛成绩，所以一直到那时才敢告诉张春荣真相。

"怎，怎么会……"这个消息犹如晴天霹雳，张春荣全身都僵硬了，连一个完整的句子都说不出来，在内心无助地呐喊着：

怎么会这样！爸爸才五十出头，平常也勤加锻炼，怎么就患上癌症了呢？她顾不得收拾行李，连忙赶回老家看望爸爸。

在回老家的车上，张春荣坐立不安，她止不住地在脑海中回忆小时候爸爸与她相处的时光，从小爸爸就特别疼爱她，教她知识技能和人生道理，自己那倔强不服输的性格与刻苦学习的劲头儿，都是在爸爸的影响下形成的。她不愿、也不敢想象没有爸爸的日子。

从此，张春荣不辞劳苦，在家、采油厂、医院之间来回地奔波，既在家照顾女儿，扮演好妈妈的角色，又在单位认真负责地工作，还在医院里照顾重病缠身的爸爸、安抚精神脆弱的妈妈。

有时候，在张春荣坐早晨五点钟的第一班公交车去上班的路上，车厢里就只有她一名乘客，这时，张春荣便会短暂地发泄情绪，把脸蒙在围巾里，偷偷地小声抽噎着。这是张春荣记忆里最黑暗的时光，在那段不愿回忆的日子里，张春荣饱受身体和精神上的折磨，每天憔悴不堪，体重也急速下降。

2003年，张春荣的父亲去世了。她强撑着身体安顿好了爸爸的后事，却发现操劳过度的妈妈也病了。

她把妈妈接到自己家住了一段时间，想让妈妈在新的环境中调整心情。但在农村住习惯了的妈妈并不太适应城里的生活，在老家，出门便可以和熟悉的村民闲聊天，也可以在地里种庄稼；可到了张春荣家，妈妈在附近并没有认识的人，也没有农活儿要干，女儿女婿白天要上班，心心念念的外孙女还得上幼儿园。因此，大多数时候都是张春荣妈妈一个人在家。在张春荣家里待了不到一个月，妈妈就执意要回老家去。在送妈妈回老家的车站，张春荣紧紧拉住妈妈的手，说："妈，您一个人在家要好好的，等再过两年，我攒点儿钱，带您去北京天安门，见见您最敬爱的毛主席。"妈妈努力挤出一丝微笑，拍了拍张春荣的肩膀，一步三回头地坐上了回老家的车。

可让张春荣万万没想到的是，这次车站的离别，竟是与妈妈的最后一次见面。2004年春节前夕，老家传来妈妈去世的噩耗。张春荣得知消息后，痛不欲生，她后悔没有兑现承诺带妈妈去北京天安门，后悔没有多陪陪妈妈，尽尽孝心。

大年三十的傍晚，下班后的张春荣独自走在回家路上，身边路过的打闹的路人和远处热闹的烟花鞭炮声仿佛与张春荣的世界格格不入。爱人白天就带着女儿去一百里以外的婆婆家过年了，家里黑灯瞎火的，暗淡得像张春荣脆弱不堪的精神一样。她没有立即开灯，而是凭着记忆走到沙发前坐下，想到世界上最疼爱自己的两个人都离她而去了，自己再也听不到爸爸打来的电话，再也吃不到妈妈亲手包的饺子，张春荣再也支撑不住，趴在茶几上号啕大哭。她的失落与孤独，沉痛与寂寞，全都淹没在这伸手不见五指的黑暗中。而在与至亲的永别中，张春荣也真切领悟到了"子欲养而亲不待"的真谛。

女儿成长，影响深远

在家时，张春荣很多时候都是在吃完饭、收拾好厨房后，就坐在书桌前自己背诵题目。她对学习的坚持和对工作的严谨也在潜移默化中感染着女儿。女儿在家庭环境的影响下，也养成了主动学、自觉学的好习惯。

学习上，像张春荣小时候一样，女儿的学习成绩一直都名列前茅；生活上，女儿也很独立，自小学一年级起，每天晚上睡觉前都会主动把第二天要用的学习工具收拾好放到书包里，不需要爸爸妈妈帮忙。

有一天，一家人在一起吃早饭时，女儿不经意的一句话深深打动了张春荣，她说："妈妈，我觉得咱们家每个人都很拼，可是为啥咱们家做成事就那么困难呢？"

张春荣想了想，摸了摸女儿的小脑袋，说："把事情做出来不难，难的是把事情做好。要想把事情做得更好，就得付出比别人多百倍千倍的时间和精力，这样才能取得好成绩呀。"

女儿用力地点点头，似乎全听明白了。在之后的日子里，女儿时刻谨记张春荣的教导，成绩一直名列前茅。

其实，张春荣面对女儿也有很内疚的时候，她把重心放到工作上，就会不可避免地忽视女儿的需求。

有一次，张春荣在单位照常上班，突然接到女儿班主任的电话说女儿不知什么原因一直喊肚子疼，于是张春荣赶紧请了假，把女儿送到医院检查。医生看过后，确诊女儿得了小儿胃炎。

医生手里的诊断书给了她当头一棒，张春荣颤抖地接了过来，止不住地流下了眼泪。她心痛地对医生说："医生，我本以为我家孩子只是单纯着凉了，怎么会这么严重啊？"

医生说："小儿胃炎与平时的饮食习惯紧密相连，与不按时吃饭、饭菜忽冷忽热有直接关系。回去之后多给孩子做一些热菜热饭，不要总是图省事，去路边摊买东西给孩子吃。"

医生的话一针见血，精准地指出了问题。夫妻俩备战技能比武的那段日子，把大部分时间和精力都投入在备赛上，只顾着训练、学习，而对家庭生活上的关注就少了。

尽管夫妻俩会见缝插针抽出时间陪女儿玩游戏，或者给女儿讲睡前故事，可有些时候还是会顾不上女儿，接女儿放学时，会直接领着女儿去路边摊吃些烧烤、凉皮填饱肚子；也经常买面包、饼干之类的零食给女儿当早饭。下班晚了来不及接女儿，全靠朋友同事过来帮忙；要是碰巧赶上夫妻俩都加班，女儿就只能睡在别人家里。

回忆起与女儿的点点滴滴，张春荣越来越感到羞愧难过，自家女儿基本上是吃百家饭穿百家衣长大的，女儿也特别体谅爸爸妈妈，十分懂事自立，不给父母惹麻烦。

张春荣蹲下身子，注视着女儿，怜惜地说："孩子，是妈妈没有照顾好你，妈妈给你道歉。以后妈妈天天给你做热乎乎的饭菜，慢慢养护好你受伤的小胃，好不好？"

女儿也乖巧地点点头，用小手捧起张春荣的脸颊，像是在无声地安慰着。此刻的张春荣作为母亲的责任感达到顶峰，她暗暗发誓，今后不管多忙都要好好陪伴女儿，做一名称职的母亲。

在良好的家庭氛围熏陶下，女儿没有辜负她们的期望，最终考入自己向往的北京化工大学机械设计及其自动化专业；大学毕业后，仍继续深造，在香港大学人工智能专业攻读硕士、博士，她期盼着有一天，也能像爸爸妈妈一样，为国家的发展贡献出自己的一份力量。

历经艰辛，终迎甘甜

在一次单位聚餐中，大家都在聊家常，有个同事问张春荣："你们夫妻俩都上班，那孩子是由家里老人帮忙照看的吗？"

"爱人的父母都住在农村，过来也不方便。我家孩子从出生到现在，都是我和爱人拉扯长大的。"张春荣说。

这位同事又问道："我看你在工作上那么拼命，你是怎么做到兼顾家庭和工作的呢？"

张春荣想了想，回答道："我认为家人的支持十分重要。不论我忙着工作还是参加比赛，爱人都会义无反顾地支持我，做我最坚实的后盾，女儿也不太让我费心。这样我就能有更多的精力努力拼搏，获得荣誉和奖励，也就能更好地回报爱人和女儿的付出和支持。"

"那你丈夫的工作会受到影响吗？"

张春荣笑了笑，有些自豪地说道："并不会，这反而激起他更强的斗志，最近他代表胜利油田参加山东省技术比赛，最终取得了数控车床专业组第二名的好成绩，并且还获得了山东省技术能手的称号。"

命运的齿轮不会停止转动，在夫妻俩的辛勤奋斗下，日子一天比一天好。坐在饭桌旁的张春荣没有预料过，在不久的将来，她会被评为中国石化集团公司开发模板唯一的女性技能大师，她的爱人被评为胜利油田改制企业胜机石油装备有限公司的首席技师，她们家也成为全山东省都为数不多的双首席技师之家。

平台是成功的基础，单位和家人的支持是成功的关键，而自己的努力才是成功的核心。唯有走别人不敢走的路，吃别人不愿吃的苦，才能成就幸福人生。

第六章　竞赛之路荣耀加冕时

扫码解锁

◉群英颂歌◉初心使命
◉工匠技艺◉奋斗底色

集输技能，竞赛之旅启幕

当夺得技能比武第一名的张春荣回到工作单位时，她的同事们都闻声赶来祝贺她。有的人夸奖道："春荣呀，你可真厉害，巾帼不让须眉！"还有的人感慨道："小张，你现在取得的成绩已经够你受用一辈子了，静下来好好歇会儿吧，一直拼下去总会累的呀。"张春荣略显害羞地捋了捋碎发，她暗自下定决心，自己是不会放弃任何一次成长的机会的，她要利用比赛这种高压的强化训练来继续丰富自己的理论知识，提升自己的技能操作水平。

不久，张春荣被单位选派参加2002年胜利油田技能竞赛赛前集训班的培训。她既兴奋又着急，兴奋的是又有机会可以锻炼自己了；着急的是她并不熟悉这个技术比赛中有关零件图绘制方面的内容。在技校学习时，张春荣在三视图的绘制方面有很扎实的功底，但是在较短的时间内，快速绘制出零件图，她还是有些吃力的。

为了快速掌握零件图的绘制要点，张春荣找来一沓精确的零件图，天天对照着临摹，可一周的时间过去了，张春荣绘制零件

⊙ 2002年，29岁的张春荣在泵房录取参数

图的技术并没有明显提高。张春荣这才意识到仅凭自己的努力学习绘制零件图技术是远远不够的。于是，她通过熟人找到了一位机械总厂的技术人员拜师学艺。

这位师傅也很用心，从绘图的布置、表达，再到最后把整个零件讲清楚，一遍又一遍耐心地教着张春荣。有些需要重点掌握的地方，张春荣就把师傅说的话记到本子上，没事的时候就拿出来翻看，若有看不懂的地方，她就会一直追问师傅，直到真正理解透彻。

回家后，张春荣也不闲着，努力培养自己对零件图的感性认识。一开始先用简单的零件练手，她找来火柴盒，在脑海中思考怎样表达最清楚，在纸上进行初步的试画，并在第二天把自己的作品拿给师傅看，让师傅进行点评和指导。

在备战技能竞赛的日子里，张春荣白天在工作之余练习实践操作，晚上练习零件图绘制。起初每天晚上只能画5张零件图，慢慢地增加到了8张、10张，有时候张春荣握着铅笔的手都累到不自觉地颤抖。精诚所至，金石为开，在她的勤勉刻苦下，绘制零件图的水平取得了飞速的进步，就连师傅都对她赞不绝口。

除了零件图绘制外，还有一个项目让张春荣比较头疼，那就是实际操作中的组装管路加铰板套扣。这项操作需要很大的力气，和那些一同参赛的男同志相比，张春荣没有一点儿优势。

可是张春荣并没有退缩，她相信熟能生巧，于是她选择一遍又一遍重复着相同而单调的动作。当其他参赛选手在练习的时候，她也在练习，并且虚心地向他们请教；而当别人休息的时候，她仍然在练习，为了高效地利用中午空闲时间操作设备，她总是以最快的速度吃点儿方便面充饥后就接着练习。慢慢地，由于长期重复一个动作，张春荣的手上磨出了又大又红的血泡，可她仍坚持练习操作技巧，导致血泡都被磨破了。到了晚上，手上传来的钻心的疼痛令她彻夜难眠。不过她顾不上疼痛，而是在涂上消炎药后，咬着牙继续练习。

宝剑锋从磨砺出，梅花香自苦寒来。在张春荣的不懈奋斗下，她终于从不懂到会用，又从会用到巧用，大大节省了完成该项目所需要的时间和力气。

晚上回家后，张春荣也没有放松下来，而是又沉浸在书本里，研习理论知识。为了不影响丈夫和女儿晚上休息，她就把自己的学习桌搬到了楼道里，这样便能安心学习。若是感到累了或者困了，张春荣就会在楼道里活动活动，打起精神。她一开始学习就会忘记时间，常常学习到凌晨，但是第二天早上四五点钟的时候又会早早地爬起来，走到学习桌前巩固昨晚学习的内容再去上班。夏天蚊虫肆虐，在楼道里开着灯学习的张春荣正好成了蚊虫的"活靶子"，短短两个月内，张春荣就用光了十几瓶驱蚊水。她的爱人见状，心疼地说："媳妇儿，这次比赛咱们尽力了就好，可不能把身子整垮了，身体才是革命的本钱呀！"可刚强的张春荣一旦决定要做好某件事，是绝对不会轻易放弃的。她故作轻松道："哎呀，我的身体我自己清楚，你就放心好啦。"9月底，引人注目的胜利油田集输工技能竞赛终于正式开始，张春荣尝试调整心态，放下所有的压力和包袱，心无旁骛地完成了每一个操作。

张春荣严格按照标准要求进行操作，每个项目都完成得接近完美。她的组装符合图纸要求，并且提前了20秒完成任务，提交作品。试压时也不漏不渗，比不少种子选手做得都好。最终，张春荣获得了98分的成绩，夺得了胜利油田集输工技能竞赛第四名，而这也是现河采油厂建厂以来集输工种在胜利油田竞赛中取得的最好成绩。

赛场风采，生产现场应用

张春荣始终认为，工作岗位是没有高低贵贱之分的，对个人来说，自己感兴趣的、热爱的就是最好的岗位。只要找准方向，能学肯干，乐于钻研，向自己的目标不断迈进，那么在平凡的岗位上也能做出不平凡的贡献。

2002年，当张春荣代表现河采油厂参加胜利油田技能大赛，夺得第四名的好成绩后，单位为了嘉奖她并激励其他人积极参加技能竞赛，将她由初级工破格晋升为中级工，并且将她的工资调升一档。

同事们非常羡慕她，止不住地称赞道："春荣呀，你可真了不起！我们要是也有这个机会涨薪就好了。"

张春荣则说道："不论在什么岗位上，只要我们肯付出、肯努力，就能实现自身的价值，不至于辜负自己的岗位责任。"

张春荣没有满足于已经取得的成就，在2003年、2004年，连续两年分别破格考取了高级工、技师，最终成了一名油田技术能手，持续不断地在自己的岗位上发光发热。

成为一名技师后，张春荣在不断思索着自身的价值："参加比赛固然能展示自己的能力，可是如果自己所学的知识技能仅仅用来比赛，不能解决生产过程中出现的实际问题，那将毫无价值。"

于是，张春荣说干就干，给自己制定了全新的目标——立足于岗位解决难题。她的具体做法是在考察生产现场的实践中取得收获，再进行细心观察，发现问题，并通过刻苦钻研解决问题，服务于生产实践。

工作时，张春荣会定期前往各个生产现场检查是否有需要改善的地方，并用心地记录在笔记本上。

一次偶然的机会，张春荣发现郝现联外输采出水水质指标还有提升的空间，于是她当机立断，着手解决这个问题。

为了提高调查研究的效率，张春荣放弃了午休和周末的休

⊙ 张春荣在工作之余坚持读书学习

息，争分夺秒地赶到生产现场检验数据，并绞尽脑汁地思考解决办法，将自己的想法分享给领导及同事们，与其进行多次探讨。

最后，张春荣终于找到了原因并制定了合理恰当的控制措施。采用这一做法后，外输水水质达标率提高了近6个百分点，实现了巨大的飞跃。

可喜可贺的是，张春荣主持完成的《提高郝现联外输水水质达标率》QC（质量控制）成果获国家级质量管理成果一等奖，并荣立油田二等功。

石化金奖，新星荣誉之巅

对张春荣来说，2007年是收获颇丰且荣誉满满的一年。那一年她已经成长为一名技师、班组长，忙着带领班组人员大干快上抓现场三标、分队计量投产应用，并且正努力为7月份要在郝现联召开的油田分队计量现场会议做好充分准备。

一天，张春荣和师傅闲聊，师傅告诉她："今年的中石化技能竞赛的通知下发了，上面准备从胜利油田挑选出优秀青年人才参加赛前培训，你想参加吗？"

听后，张春荣顿时心潮澎湃，刚准备一口答应要参加竞赛，但又静下心来转念一想，单位里的同事们都在忙着准备油田分队计量现场会议的召开，自己怎么能撂摊子不干了呢？于是只得跟师傅说："我再考虑考虑吧。"

在张春荣感到有些遗憾的时候，站长仿佛猜中了她的心思，把她叫进办公室，说道："春荣呀，你有参加中石化技能竞赛的打算吗？自打你上班以来，像这样高级别的竞赛还是第一次，你可不能错过呀。"

张春荣如实说道："站长，我确实很想参加竞赛，但是同事们都在积极准备油田现场会议的召开，我作为班组长，实在不好意思缺席。"

"站上还有那么多人呢，总有人可以接替你的活儿，既然你这么想去，还是拼一次吧，人生那么短，可不能留下遗憾呀。你能力强，如果你不怕苦不怕累，勤奋训练，拿个奖牌回来，不也是给咱们站争得了更大的荣光吗？"站长极力劝说道。

有了站长的支持，张春荣放下了心中的顾虑，坚定了再去拼搏一把的信念，毅然决然报名参加了赛前集训。

这是张春荣第一次参加这么高级别的集训班。加入集训班的当天，胜利油田领导和教练员们就给在座的每位学员上了第一堂课，介绍集训班的规章制度。集训班的竞争很激烈，又很残酷，采用的是月末位淘汰制：每周一小考、半个月一大考，每个月都会列一份成绩排名，排名在最后的十名学员只能离开集训班。

　　了解完集训班的制度后，张春荣既紧张忐忑，又斗志满满，她在心里给自己制定了一个小目标，那就是一定要站在中石化技能竞赛的领奖台上，为自己、为胜利油田争光。

　　令张春荣最头疼的操作项目是计算机操作。这些年来，她一直在班组上夜班，根本没有机会接触电脑。正在张春荣头疼如何快速熟悉电脑功能和提高打字速度的时候，她的爱人决定拿出家里不多的积蓄给她买一台电脑。张春荣连连摇头，因为她知道家里刚刚买了房子，而且装修也少不了花销。可是她的爱人仍硬挤出钱来，给张春荣买了台笔记本电脑，方便她时刻训练。身边的同事都感慨道："这可真是大手笔呀，春荣真是嫁对人咯。"张春荣听后心里也甜滋滋的。

　　拿到笔记本电脑后，张春荣没有好奇它各项有趣的功能，而是立即着手学习计算机的操作和电子表格统计的快捷键，除了这些，还要尽快提高打字速度。张春荣打字只会用两根食指一个一个戳，这也受到了不少人的嘲笑。但很快他们就笑不出来了，因为张春荣在空闲时间不断的练习，从最初每分钟只能打几个字，练到最后每分钟能打60个字，而这也赢得了同学们的称赞，他们打趣道："实在是佩服呀，二指禅还是有功夫在身上的。"

　　经过一次次的考核和一次次的淘汰，张春荣在三个月的集训中成功扛到了最后，终于拿到了心心念念的、代表胜利油田参加中石化技能大赛的入场券。不利的是，张春荣是所有参赛女选手之中，年龄最大的一位，她的精力、反应力、记忆力等与年轻选手相比完全没有优势。

为了能实现自己定下的小目标，张春荣又开始了不顾一切的训练。每天早上5：30，张春荣便第一个来到实训室开始了一天的训练；到了中午，为了节省时间，她草草地扒拉两口饭解决午餐后，仅仅在床上躺5分钟打个盹儿，就赶紧起来看书；放学后，张春荣总是会多学习一个多小时，每天都是最后一个离开实训室的人。课上教练教的操作，别人练习一遍，张春荣就会抽空多练习一遍。

教练见她天天这么拼命，不禁疑惑地问道："你咋每天都跟打了鸡血一样，有那么大的精神头儿去学习，这样不会累吗？"

张春荣回复道："教练，这是我自己选择的路，我早就已经做好吃苦的准备了。"

在这段时间里，张春荣瘦了整整10斤，可她从来都没有叫过苦、喊过累，只想不断地提升自己。她觉得，别人能做到的事情，她也一定要做到；别人做不到的事情，她也会想尽办法去做到。也许是永不言弃的信念在支撑着她，正值酷暑的7月，张春荣时常会练得汗流浃背，不过她只是擦擦脸上的汗珠，拧拧衣服上的汗水，便又投入训练中了。

集训的日子一天天过去，距离正式比赛也越来越近了，9月16日，张春荣前往河南省新乡市，参加中石化集输工技能竞赛。

赛场上，张春荣从容不迫，消除心中杂念，熟练地做着每个动作，不时地还能听到裁判们的赞许声，这也让张春荣更加有底气。所有竞赛项目都完成后，张春荣离开赛场，给一直帮助自己的教练一个大大的拥抱。

9月19日，张春荣再次回到赛场参加颁奖仪式。当裁判长开始宣读每个人的成绩时，张春荣紧张起来，心跳加速，同时也开始不自觉地抠手指，满脑子都在担心是否会辜负家人的付出和单位领导的期盼。当裁判长念到张春荣获得金奖的一刹那，张春荣瞬间释放了所有压力，流下了激动且自豪的泪水。她为自己是一名胜利女工而感到无上的光荣与骄傲。

站在颁奖台上的张春荣光彩照人，此时的她已经到达了作为一名集输岗位工人在技能操作竞赛领域的巅峰。

带着一身荣誉回到单位的她，受到众多同事的赞许，也被站长邀请为大家进行一次演讲。

张春荣演讲的第一句是"学习没有捷径，靠的只有不断地练习、不断地付出"，而这也是张春荣从门外汉到技能竞赛金牌选手一路走来的真实写照，15年来，她始终铭记的就是学习。

张春荣从事的是油气集输工作，这要求其每时每刻都要及时了解所有参数的变化，当其中某一个设备节点或者参数超出正常值范围时，她就必须快速做出判断并正确解决问题。但凡没有能够快速正确地处理出现异常的设备节点或参数，其产生的后果将不可估量。如果原油外输指标不达标，将会增加炼油厂或者末站

⊙ 2007年9月，张春荣获得中石化技能竞赛金奖

设备的负荷，更严重的，将会造成重大生产事故。

因此，张春荣首先用6个字概括道："牵一发动全身。"接着说道："如果我们将石油比作是工业的'血液'，那么油气集输就是类似于'血管'的循环系统，而油气集输工则负责完成对'血液'进行净化和运输，并对油井采出液进行油气水分离、原油脱水、采出水净化、天然气回收以及输送的任务。"

最后，张春荣感慨道："我们一定要热爱自己的工作岗位，严谨踏实，继续学习，这样才能创造出卓越的工作成果。"

在同事们的掌声中，张春荣缓缓离开演讲台，可她拼搏奋进的精神却持续感染着同事们。

第七章　创新同行乘理想之风

扫码解锁

◎群英颂歌◎初心使命
◎工匠技艺◎奋斗底色

创新驱动发展

小时候，张春荣亲手制造出了搓玉米粒的小工具，方便了整个村子的劳动，如今，名为"创新"的种子已在她心中生根发芽。取得了如此多的成就后，张春荣并没有止步于此，而是又给自己制定了新的目标，即进行技术创新，用于解决制约生产实际的瓶颈问题，更好地发挥自己的技术特长。

起初的张春荣并没有对"创新"有一个清晰的概念，也常常找不准方向，她经常向队上的"注水大王"杨智勇师傅请教。杨智勇师傅告诉她："当你从现场发现问题时，你的创新之路就已经走了一大半了。"

张春荣听后感触颇深，于是把自己下沉到了一线岗位，观察生产现场，和同事经常交流，主动发现问题、解决问题。

一次偶然的机会，张春荣从同事的一句唠叨中发现问题并成就了第一个创新成果—— 一种新型呆头扳手。

原先郝现联合站的扳手呆头太厚，每次搭在螺母上使用时就会高出一块，容易打滑，十分影响操作。

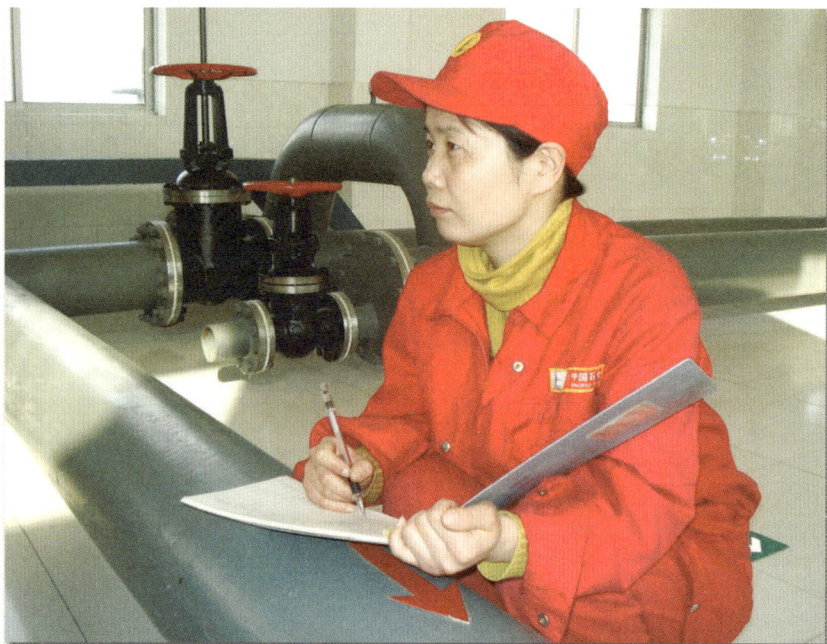

⊙ 2008年，张春荣在工作现场

一次，大家聚在一起维修保养时，李师傅又忍不住开始抱怨："这扳手我就没用顺手过，怎么不买点儿好的用呢？这多影响干活儿呀。"

陈姐也在一旁念叨："我都在这里上了20年的班了，这扳手就没变过。市面上就没有好用的，花再多的钱也买不到合适的工具呀！"

"既然买不到好用的工具，那咱们可以自己想办法做一个呀，俗话说得好，只要思想不滑坡，办法总比困难多！"张春荣接上话茬说道。

王哥在一旁思索着："这个扳手容易打滑，说明接触面小，同时摩擦阻力也小，如果能解决这个问题，那很快就能成功了。"

王哥的一句"摩擦阻力小"给张春荣带来了灵感，她立刻说道："我想到办法了，如果把这个六棱的地方锯薄一点儿，扳手就可以更深地卡进管线与螺栓的槽隙间，这样接触面变大了，操作起来也就不打滑了。"同事们听后大为赞同，并强烈支持张春荣把这一创新的想法变为现实。

维修结束后，张春荣火速开始查阅资料、绘制图纸，经过六个月的不断调整、试验，终于成功研制出一种新型的呆头扳手，完美解决了原扳手容易打滑的问题。

日常工作中，细心的张春荣也经常在同事们的"牢骚"中发现创新点。

　　在一次生产晨会上，班长指出板框式压滤机很难清理，更麻烦的是，现有人员根本无法承担如此之大的工作量，情况十分棘手。张春荣记在了心里，晨会一结束，她便找到了班长，询问板框式压滤机难清理的原因。

　　原来，打开板框式压滤机滤布时，大量原油会随着油泥黏附在滤布上，需要人工清理才能完成。张春荣敏锐地抓住创新的机会，开始研究如何减少原油随着油泥进入设备污染滤布的发生。很快，一种污泥池浮油回收装置诞生了，它不仅可以除油去泥，还能有效减少环境污染问题，而且延长了滤布的使用寿命。这项创新发明一年可以多回收78吨原油，累计节支创效46万元。

　　一项项成功的发明让张春荣倍感自信，她逐渐意识到创新并不是一件复杂的事情，只要用心就可以做到，并且它能切切实实地解决生产中遗留的问题。

　　2008年，张春荣带领郝现联攻关小组，专门负责解决负压压缩机进口分离器收液时轻烃拔出率低的问题。但在很长一段时间内，这项攻关都没有任何进展，也没有找到合适的解决思路，张春荣很着急，但却一筹莫展。

　　一次坐在回家探亲的车上，张春荣望向窗外看风景，突然发现能让南来北往的车辆有序行驶的奥秘是马路中间的隔离栅。于是，她就想："可以在分离器集液端加上一层隔板呀！这样上下分为两个腔，正常生产的时候，打开旁通阀，液体就会自流至集液腔；液位达到3/4的时候，关闭旁通阀，就可以实现负压生产、正压收液两不误了。"

回到单位后，张春荣迫不及待地和组员们分享自己的思路，并带领全体小组成员对分离器进行改进。在她们的共同努力下，仅用了两个月就完成了对分离器的改造。新版本的分离器实现了不停机收液，原油稳定率提高至95%以上，年创效益80余万元。

张春荣所在团队完成的"提高原油稳定装置轻烃回收率"项目荣获山东省优秀成果一等奖和国家实用新型专利3项，进而获得2008年全国优秀质量管理小组QC（质量控制）成果一等奖，这也令张春荣对自己的工作更加充满信心。

新岗新责起航

2011年8月，由于工作表现优秀，张春荣在现河采油厂8000多名干部员工中脱颖而出，被现河采油厂聘为首席技师。集输工首席技师岗位仅有张春荣一人，她需要负责集输站库四新设备推广应用、现场技术改造及技术工艺优化、基层创新和员工培训工作等，肩上的重任也是越来越重。

张春荣积极继承并发扬精益求精的"工匠精神"，坚定"岗

⊙ 2012年9月，张春荣在现场采集石油样品

位创造价值"的信念。

当时正值采出水站技术改造，作为一名首席技师，张春荣主动请缨，承担起编写技术方案和切换现场流程的工作。每一次流程的切换就相当于一次技术方案的现场检验，必须做到零失误，不能有半点闪失，这给张春荣带来了巨大的压力。

整整三个月里，张春荣每天都是第一个到达施工现场，她没有过一次午休，连静下心来吃饭都成了一种奢望，改造现场一定有她的身影，技术方案的提报修改也留下了她的印记。在她的不懈努力下，此项工作提前10天结束了施工，各项投产也顺利完成。

紧接着，张春荣开始思考如何用创新诠释"咱们工人有技术，才能更有力量"的信念。

当年有这么一件事，令张春荣久久不能释怀。

油田的集输系统里有个设备叫过滤器，体型又大又重，需要定期拆开清洗，不然会直接影响整个集输系统的正常运行。平日里这些力气活儿都是由男同事们负责的，然而有一天需要清理过滤器时，男同事们临时有任务外出，都不在站里，没有办法，张春荣只得带着3名女同事硬着头皮上阵了。十几公斤重的大盖可不是好拆卸的，由于力气不够，她们4个人一人把住一边，咬紧牙关使出全身力气往下搬，每个人的脸都憋成紫红色，手臂上也是青筋暴起。终于清洗完后，4个人都累得没有力气站着，瘫坐在地上喘着大气。

由此，张春荣打定主意，要通过融智创新，把科技融入生产的每个环节，减少劳动负担，让那些乐于付出、甘于吃苦但力气不足的工人也能实现自己的价值。开始研发时，最让张春荣头疼的难题是如何实现旋流式两相过滤器的自动除渣。那段时间，不论是在走路，还是在吃饭，张春荣一直在脑子里琢磨解决方法，她的爱人都说："你经常睡着之后，嘴里还不停嘟囔着'怎么才能实现呢？如何才能解决呢？'之类的话，真是连睡觉都放不下你的研究。"

一次，张春荣在家用榨汁机给女儿榨果汁时，注意到果汁会自动从榨汁机的一端流入杯中，而果皮等残渣物则自动从另一端落到盆中。她联想道："如果过滤器也能像榨汁机一样就好了，那就可以实现残渣物的自动清除了。"她牢牢抓住这个一闪而过的创意，立即跑到书桌旁着手绘制加工图纸。

而在绘制的过程中，张春荣发现导叶具有实现液体进入过滤器本体后产生漩涡流的作用，那么问题也就出现了，没有实验室、没有资金，该怎么进行室内模拟实验呢？张春荣的研发又被迫暂停了。

机缘巧合下，张春荣和胜利石油学校函授毕业设计指导老师交流时，正好谈到了室内模拟试验的事情。指导老师虽然已经退休，但被她锲而不舍的研发精神所感动，告诉她："胜利石油学校实训基地有模拟实验和试压设备，如果你需要的话，随时可以前往使用。"在指导老师的帮助下，张春荣进行了多次叶片不同安装位置、安装角度的模拟试验。

⊙ 2013年，40岁的张春荣（左一）给员工们讲授自动化仪表应用知识

　　终于，经过了一次次的试验、一次次的改进，旋流式自清洗两相过滤器应用成功了！以前的过滤器清洗工作往往需要三四名男同事花费半个小时才能搞定，但如今，一名女同事花费3分钟就可以独立完成，而且清理效果比以前更好，工作的安全性与稳定性也更高。

　　在不断的创新中，张春荣也逐步有了新的体会与感悟，她认为，创新就在于花更少的钱和时间，办更多的事情。所谓新旧动能转换，并不是简单盲目地否定所有传统产能，另起炉灶，而是要在发挥山东省传统产业规模总量大、竞争实力强的优势下，加速信息化与工业化的深度融合，实现动能的"旧中生新"，这样才能让传统产能焕发出勃勃生机。

引领行业新篇

　　2013年12月的一个周一，张春荣正穿着工装在分离器现场准备实施高温采出水回掺伴热工作。这时，突然接到一个好消息：她竞聘胜利油田集输工技能大师成功了！张春荣喜出望外，她太明白其中的不容易了，这可是7.4万名女工里的头一位，可以说开创了历史先河。

　　回家的路上，微风不燥，暖暖的阳光照在张春荣的身上，张春荣的心情也是格外的好。到家后，张春荣迫不及待地将这一好消息说给爱人和女儿听，她的爱人十分高兴。正在备战中考的女儿听到后，也停下了手中的笔，跑过去紧紧抱住张春荣，自豪地说："妈妈，你真棒！"在享受成功的喜悦和家人称赞的同时，张春荣感受更多的是新的压力与责任。

　　时代不断在变化，随着以信息化为核心的"四化"建设逐步推广，信息化、自动化操控成为岗位工作中不可或缺的内容。作为技能大师的张春荣也把利用信息化、自动化技术解决生产难题作为工作重点，不畏劳苦，向更高的技术高峰攀登。

　　一次值夜班时，一位同事跟她说："刚刚因为电力系统瞬间失电，脱水泵停运了，太险了，幸亏我就在现场，及时处理好了，不然说不定就引起加热炉干烧事故了。"

　　尽管没有造成什么损失，但却给张春荣敲响了安全生产的警钟。为了避免类似事件再次发生，她成功研制了泵炉连锁报警装置，大大提高了设备本质化安全水平。

　　2014年，郝现联合站作为油田"四化"建设示范站进行信息化提升时，张春荣的这一成果也发挥了重要作用，为现场监控系统的升级改造，提供了强有力的技术支持和保障，受到了专家领导的一致好评。

　　面对新时代对企业持续高质量发展提出的新要求，张春荣意

⊙ 2015年，张春荣（右一）带领团队解决加热炉干烧难题

识到，自己不仅是一名高级技师，更是一名劳动模范，当企业遇到发展难题时，就要处处做表率，冲在最前列，将创新的优势转化为创效的能力。

冬季原油处理温度低，十分影响站库的稳定生产，为了解决这一难题，张春荣通过认真分析每一台分离器的来液量及温度，深思熟虑后，提出了高温采出水回掺伴热的建议。她的建议被采纳并实施后，冬季的原油温度提高了7℃，年均节约燃气费用13.1万元。该做法被多个油田借鉴，在22个集输站库被推广使用。同时，她创新实施的天然气压缩机残液不停机回收工艺，成功解决了原油稳定装置轻烃拔出率低、耗能大等难题，累计创效320余万元。

2017年，张春荣的努力结出了累累硕果。她以首席技师的身份带领团队顺利攻克了"史南采出水处理系统抑垢技术研究"项目，这项重点科技攻关项目将外输采出水水质达标率提高到了100%；参加了采出水余热替代燃气项目在原油处理中节能降耗课题的研究，实现了热能全回收；对加热炉流体形态提出了优化的具体方案，该建议不但使郝现联合站轻烃日均增产1600公斤，而且大幅度降低了能耗，综合效益高达760万元。

张春荣始终专注于操作方法的创新，为此她练就了一身过硬本领，不断探索、挑战自己的能力极限。在多年的经验积累和创新意识的带动下，掌握了快速排除分离器故障等5项关键技能，并成功让其应用于集输系统操作规范中；为了实现采出液"零排放"，她提出并实施的"产输分沉"节点分析操作法，为环保事业做出了贡献；同时，她推广的"321"原油脱水全过程控制法，促进了油气处理全密闭，大大提高了生产效率。

除此之外，张春荣还修订了32项行业标准，这些标准被广泛地应用到了集输站库"四化"建设中。她还完成了胜利油田新增18类新工艺新设备标准的制定及大工种大岗位《集输工》等5部教材和题库的编写工作，这些成果为培养更多优秀技能人才提供了有力支持。

张春荣积极发挥自身优势，坚持为集输事业奋斗。她多次出色地完成了胜利油田和全国行业集输工技能竞赛的命题、裁判工作；她所提出的"压力变送器的安装调试"等3个操作项目，成了胜利油田职业技能竞赛的必考项目；先后编制75项油气集输工艺流程优化、改造及投产的方案，显著提高了生产效率；她还积极参与胜利油田智能管线示范站建设，为实现地上、地下管网"标准化、自动化、智能化"管理贡献出自己的一份力量。

近些年来，张春荣共解决152项现场生产难题，撰写31篇技术论文，编写和修订37项行业标准及教材；实施87项技术革新成果，其中35项成果获国家发明或实用新型专利，12项成果获国家能源化学系统优秀职工技术创新成果奖，5项成果获国家优秀QC（质量控制）成果一等奖，2项成果获全国设备与技术创新成果二等奖。这些成果累计创效7200余万元。她的杰出贡献和成绩也得到了行业内的广泛认可和赞誉。

第八章　团队心手相传创辉煌

扫码解锁

◉群英颂歌◉初心使命
◉工匠技艺◉奋斗底色

创新本无界，难题终得破

一个人的力量终究是有限的，张春荣逐渐产生了建立一个技术团队的想法。2014年，在张春荣的努力下，一个由13名技术骨干组成的团队成立了，它以张春荣的名字命名——"张春荣创新团队"。该团队旨在积极响应国家号召，弘扬工匠精神，激发"双创"活力，助力国家创新驱动发展战略，助力推动中国经济转型升级。

张春荣立志于发挥自身的辐射带动作用，培养出更多的革新能手，带领创新团队共同为企业发展出力。因此，在创新团队成立的当天，她就告诉团队成员们："同志们，我们要时刻坚持以创新为动力，引领胜利油田工作发展，不惧吃苦，不畏困难，不停思考，不断革新，积极主动前往岗位一线，发现问题、解决问题。"

在接下来的日子里，郝现联合站哪里出现了难题，哪里就有张春荣创新团队的身影。为了解决王岗采出水站处理液量变化的问题，张春荣带领团队成员集思广益，多次聚在一起探讨实验，巧妙地运用信息化技术，研制出了自动加药控制模块，最终提高了效率，解放了职工的"双手"，实现了药剂的有效管控。值得一提的是，张春荣的创新团队完成的攻关课题《提高郝现联单体工艺自动化监测覆盖率》，荣获全国质量优秀QC（质量控制）成果一等奖。慢慢地，团队成员都养成了把主动解决实际问题当成一种工作的习惯。

与阀门打交道，是油气集输的必修课。有时候要更换阀门，有时候要给阀门保养丝杠，有时候得加垫子，有时候又要取闸板。2015年6月10日中午12点，郝现联合站1号采出水罐清罐投产，当工作人员打开排污阀门时，闸板却突然脱落了，情况十分紧急。站长见状，立即带领维修班人员进行拆卸维修。当维修人员打开闸体时，却发现闸板T形槽90%已经锈蚀掉，很难直接取出，他们又尝试利用撬杠、自制工具等辅助拆卸，但也都没能取出闸板，只能更换阀门。

创新团队成员张成波注意到这个情况，就在心中考虑：如何用简便省力的方法解决这种闸板问题呢？

工作之余，他向兄弟单位请教道："有没有什么能快速取出闸板的工具？"得到了否定回答后，张成波开始计划自己创造工具，却困于一直没有灵感。

直到7月的一天，张成波路过一家自行车店，看到师傅正在维修自行车车把。望着师傅捏着车闸一紧一松的动作，张成波突然想到，自行车车把上有个部件俗称"吊死鬼"，如果将它的原理应用到取出闸板的工具上，制作一个拉杆，将抽油机卡瓦片倒过来卡住锈蚀的T型槽，这样就能解决问题了。

张成波连忙回到单位，将自己的想法分享给张春荣，在得到张春荣的肯定和支持后，张成波开始潜心研究。经过一年半的努力，张成波成功研制出了"闸板快速取出器"，使闸板取出率达到100%，年节省费用3万元，该成果也获得了国家实用新型专利。

张春荣对此十分惊喜，她用张成波的事迹鼓励创新团队的其他成员："通过这件事，大家可以直观感受到，创新不是一蹴而就的，它需要我们不断地学习，牢牢掌握知识技能；创新也不是说说就能够实现的，它需要我们在生产实践中不断地获得启示。"

领航创新工作室，谱写培训新篇章

2016年，在单位和领导的支持下，张春荣的事业又迈出了坚实的一步：经过反复的论证与准备，以她名字命名的创新工作室建成并投入使用。次年5月，全国总工会女职工部部长江南亲自为"张春荣创新工作室"揭牌。随着此番升级，工作室的技术人员数量也一跃增至33人。

在创新工作室成立之前，张春荣就根据多年的工作体会提出

⊙ 2016年，张春荣创新工作室成立

了工作室的口号——融智创新，智造光荣。

工作室正式成立后，张春荣想方设法最大限度地发挥它的作用，一方面努力让其成为企业创新的"发动机"和"金点子"的"孵化器"；另一方面，也希望工作室能发挥技术交流的作用，帮助更多职工提升劳动技能水平。

为此，张春荣和工作室成员们一起，总结凝练了"点题、破题、汇题"岗位练兵三步法，要求单位员工依靠自身所掌握的知识技术探索问题的解决办法，进而激发起他们技术革新的热情。

相较于传统的单项知识学习的填鸭式教学，张春荣创新的岗位练兵三步法不分岗位、不分工种，促使员工主动思考、主动学习。通过该方法，许多员工在学习中系统全面地了解了集输站库各岗位的工作内容与职责，综合素质不断提升。在张春荣的带领下，岗位员工技能鉴定通过率从82.6%提高到了93.4%。

张春荣也积极尝试采取多种形式、多种途径对员工进行培训。她通过开设"创新工作室"微信公众号和"春荣云课堂"小栏目，将学习内容搬上互联网，以方便职工通过更加灵活的方式提高技能水平、补充知识。自2020年以来，工作室成员坚持每周四晚8点通过直播平台授课，多年来从未间断。

在这一基础上，张春荣组织完成了《胜利油田操作规程（集输篇）》修订、《胜利油田集输工（信息化）》培训教材及试题库的开发工作。同时，工作室还承揽了云顶石油天然气公司16名

⊙ 2016年8月，张春荣（右排左二）在和工作室成员审核教材

⊙ 2016年，43岁的张春荣在调试仪表

员工的岗前培训工作，为创新工作室创效4万元。

张春荣敏锐地意识到岗位模式的转变，教育员工道："四化建设后，集输站库的生产岗位将逐渐改变过去一站多岗模式，推行'监控+巡查'的一站两岗生产运行模式，这就要求咱们员工做到一专多能，并熟练掌握自动化技能知识。"同时，张春荣充分发挥技术、技能方面的优势，主动做好传帮带工作，被油田5家开发单位聘为"新员工成长导师"。

传工匠风采，促新人成才

为了进一步帮助新人成长，张春荣主动和青年工人结成师徒对子，她带过的徒弟前前后后有138位之多。但是，张春荣的这些徒弟们都有一个共同的特点："想干事、能干事、干成事。"

对张春荣来说，她十分感谢在她学习道路上充当指路人的师傅们，因此选择继承并发扬师傅们传道授业解惑的精神，继续培养优秀的石油工人；而对一个企业来说，优秀的技能需要被"复制"，只有不断传承技术，培养继承者，企业才不会因为人才断供而停止发展。

张春荣的徒弟王建波原本是一名初级集输工，缺乏自信，不

⊙ 2017年，张春荣（右三）在给徒弟们讲授创新知识

敢尝试岗位之外的工作。在张春荣的带动下，王建波开始努力学习各种技能，不断提升自己，从初级集输工一直考到高级集输工，又从高级集输工考到高级技师，从一名普通的技术工人一路成长为班站长。

在王建波看来，他所获得的一切成就都是在师傅张春荣的激励下完成的，他十分感激师傅的付出。"如果没有张大师的带动，我现在很可能只是一名普通的技术工人，每天重复着枯燥的工作，浑浑噩噩地工作下去。"王建波说道。

无独有偶，张春荣的另一个徒弟张伟红最初在班站岗位工作时，也十分胆怯，特别害怕独立顶岗，而现在她已经成了中心信息化建设工作中的"大拿"。"张大师一直鼓励我向前迈步，她不仅教我们技术原理，还教我们如何从表面的现象看到深层的本质，发现问题，再通过技术手段解决问题。"回想起和张春荣师傅学习的日子时，她说道："毕竟生产不仅仅是让设备运作起来就行，还需要在遇到问题时，用系统全面的视野发现解决方法。"

在与师傅张春荣的不断相处中，徒弟李其海逐渐意识到，师傅张春荣具有勤学好问的品质，喜欢带动身边的人和她一起学习，她不仅善于在生产中发现问题，更善于解决问题。

2014年的夏天，徒弟李其海正在注水班泵房进行日常工作，却因拆卸柱塞泵密封函的任务累得满头大汗。原来，由于与泵体配合紧密，拆卸空间狭小，再加上长期的采出水腐蚀造成生锈、结垢，原来设计的采用顶丝拆卸密封函的方法并不奏效，拆卸难度上升，既耗时又费力。如果采用锤子敲击等暴力方法，则极易造成密封部件不同程度的损坏。由于担心自己一个人拆卸会出岔子，李其海找来了师傅张春荣帮忙，在师徒二人的共同努力下，拆卸任务总算是完成了。

事后，张春荣语重心长地开导他说："既然现场采用顶丝拉拽的方式不见效，那为什么不逆向思维一下，采用从另一边推的方式呢？"

师傅张春荣的话语使徒弟李其海茅塞顿开，他根据师傅提供的思路，花费不到半个月的时间，研制出了密封函拆卸专用工具。这项工具不仅能够既快速又平稳地将密封函推出泵体，而且能将更换检修密封函的时间由原来的2人平均耗时1~2个小时，缩短为1人20分钟。

当徒弟李其海将自己发明出来的工具拿给师傅张春荣看时，张春荣给了他极大的肯定。李其海也激动地说："谢谢张大师！我现在终于明白了，创新其实并不复杂，只要能实实在在地解决现场问题就好！"张春荣听后，欣慰地点了点头。

2016年春节过后，张春荣刚回到岗位上便得知了中石化将举办"注水泵工技能竞赛"的消息。这让她顿时有了新的想法：9年前，在教练的帮助下，她代表胜利油田在中石化的赛场上勇夺金奖，9年后的今天，她也想培养一个徒弟，继续站在中石化的赛场上，再创辉煌。

当天晚上，张春荣就开始思考选拔选手进行强化训练的事情。

在这么多徒弟中，谁才有更强的实力接过她手中的接力棒呢？张春荣躺在床上辗转反侧，最终将希望放在了徒弟崔丽的身上。

崔丽虽然一直在原油处理站工作，从来没有接触过采出水的处理工作，但油气水处理的工作又是相通的，因为她的学习能力是所有徒弟中最强的，也是一个工作起来废寝忘食的人，张春荣觉得她正是合适的人选。

考虑好人选后，第二天一早，张春荣就将自己的想法和单位领导汇报，领导表示会全力支持她们备战。

得到了单位领导的支持后，张春荣立即着手准备，她首先安排徒弟崔丽调至采出水处理站进行强化学习，并为她量身定制了周密详细的学习计划和训练方案。为了更好地将自己的经验技巧传授给徒弟崔丽，张春荣一有时间就到训练现场手把手教她，每天手机24小时不关机，用来随时回答崔丽在学习、训练中无法解决的各种问题。

拆卸泵阀检修操作不仅要求较高的安装质量，还需要较快的安装速度。因此，需要坚实的臂力和强健的腿部力量。相较于男选手，崔丽在力量和速度上都不占优势。为此，张春荣自掏腰包给崔丽买来两个沙袋，通过把沙袋绑在腿上负重跑步来练习腿部力量，又买来两个哑铃用来锻炼臂力。

崔丽也很用心，每天早上六点准时到训练场训练，放弃午睡的机会，抓紧时间学习理论知识，每次都最晚离开训练场。在残酷的竞争环境下，崔丽也有过坚持不住的时候，甚至一度想放弃。这时，张春荣就成了她的"心理咨询师"，耐心地安慰她说："小丽，你要记住，我们以获奖为比赛目标，但比赛并不只为获奖这一件事，最重要的是在比赛过程中收获知识、经验与技能。"崔丽这才恍然大悟，重新收拾好心情继续投入训练。

很快，中石化注水泵工技能竞赛开始了，崔丽承载着张春荣的期望，坚定地走向赛场。赛场上的崔丽镇定自若，娴熟地展示一项又一项操作技能，打败了其他选手，取得了全场最高分。看到崔丽站在中石化最高领奖台的那一刻，张春荣仿佛又看到了当年同样获得金奖的自己，情不自禁地流下了激动的泪水，崔丽下台后，和她紧紧拥抱起来。

在中石化技能竞赛中摘得金奖后，崔丽被授予东营市技能状元、中央企业技术能手称号。张春荣和崔丽成为采油厂历史上第一对金牌师徒，张春荣也被聘为中石化胜利培训学院高技能人才首席培训专家。

崔丽对师傅张春荣感激不尽，在一次采访中，她说："如果没有师傅张春荣的支持与鼓励，就不会有现在的我。当我刚开始跟她学习时，师傅从点滴入手，不厌其烦地教我学习理论知识，纠正我在实际操作中的错误。她教的那些生产中的小窍门、学习中的小方法，对我们青年职工来说特别适用。在师傅的教导和激励下，我不断克服一个又一个困难，实现了巨大的人生飞跃，从初级集输工破格成为集输工技师，从一名普通的职工成长为中石化技能竞赛金牌获得者。我真的打心眼儿里感谢我的师傅张春荣。"

聚焦生产难题，进行技术攻坚

依托张春荣创新工作室，创新团队成员们利用自身掌握的技术解决各种生产难题，同时也为油田的持续发展培训技能人才，为了更好地实现这两个目标，张春荣创新团队也变得越来越忙碌。

采出液工艺缓存池的主要作用是接收油水井作业过程中的洗井液、沉淀液体中的泥沙、漂浮物等，以降低油田采出液回收对处理工艺的影响。目前运行的采出液工艺缓存池基本采用水泥盖板进行封口，因此具有一些缺陷：不仅密封效果欠佳，而且清理难度大，更糟糕的是，一旦盖板老化维修不及时，还存在员工巡检跌落的风险。

针对上述问题，张春荣创新团队的所有成员同心协力，一部分成员负责查阅浮顶罐密封相关资料，一部分成员向油田专家请

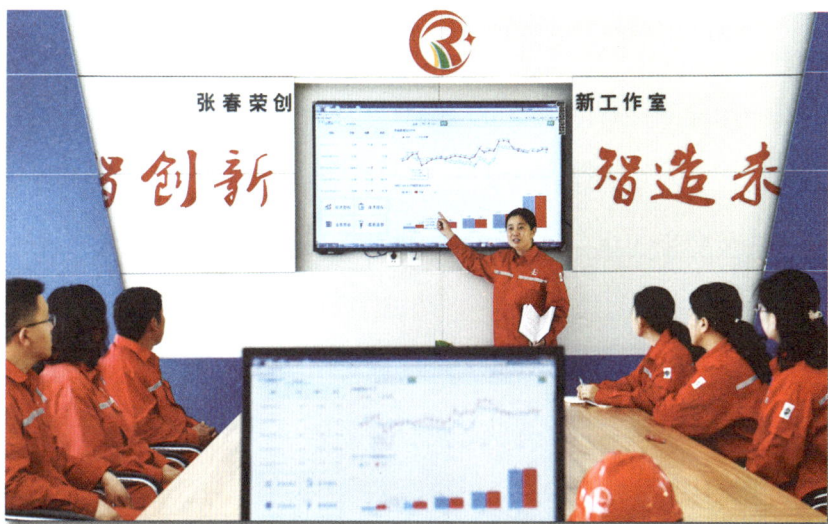

⊙ 2017年，张春荣（中）在创新工作室给徒弟们授课

教专业知识，还有一部分成员则负责多次进行室内模拟实验。在他们日日夜夜的奋斗下，最终成功研制了一种结构简单、方便安装和易于清洁池底沉积物的缓存池密闭装置。

新研制出来的密封装置由四个部分构成，分别是玻璃钢密封罩、液体密封槽、呼吸气囊和气囊浮托。装置利用水封和人工肺呼吸的原理技术，向已经置入玻璃钢密封罩的密封槽注水，起到隔绝缓存池内外气体流通的作用，从而达到密封效果。

"液体密封槽、透明可视窗以及进出液连接处，都得达到排放要求！"在草南联合站的生产现场，技术检测中心专业技术人员对安装应用的缓存池密闭装置进行严格的测试，证明其可以达到预期效果，并且完全符合国家相关有机物环保标准。

最终，经过试验，该装置能够满足GB39728-2020《陆上石油天然气开采工业大气污染物排放标准》缓存（冲）池VOC_s有机物排放环保标准，并于2022年1月4日获得国家实用新型专利。

团结奋进不止，创新佳绩连连

张春荣就像一枚人生的指南针，为员工们指引前进的方向；就像一面模范行为的镜子，让员工们时刻有学习的榜样。在张春

⊙ 2017年5月，张春荣（中）在现场检查成果推广应用情况

荣的影响和带动下，不论是创新团队的成员，还是普通员工，只要和她在一起工作，他们就仿佛浑身都有使不完的劲儿，对待工作充满热情和激情，也取得了不少瞩目的成绩。

近些年里，张春荣成为138名青年员工工作道路上的引路人。她用心地教导他们，不遗余力地传授其知识、培养其技能。在这些青年员工中，有6人在全国技能大赛中大放异彩，分别获得金、银、铜奖，这些奖项不仅是对他们能力的认可，更是对他们努力付出的肯定；1人在中石化技能大赛中获得金奖，这一成绩的背后无疑是无数次的练习与磨砺；油田技能竞赛中，25人凭借出色的表现获得了各种奖项；27人在张春荣的培养下，成功晋升为技师、高级技师；此外，还有7人获得全国技术能手、中央企业技术能手和中石化技术能手等荣誉称号。这些大大小小的荣誉不但展现了青年员工的努力和奋斗，还肯定了张春荣在背后的无私贡献。

自2019年以来，张春荣带领创新工作室的成员们开展了名为"授艺解难进班站"的活动。该活动的目的是深入生产现场，为班站的员工解决实际生产中遇到的难题。经过创新工作室成员的不断努力，她们已经成功地指导和帮助基层班站解决了76个生产中的关键操作和技术工艺难题。

可是，张春荣并没有满足于现状，而是组织创新工作室成员积极参加油田开展的生产难题揭榜挂帅活动。在这个活动中，她们直面困难，勇于挑战，不断解决多个复杂的技术难题。在两年的时间里，她们组织实施了5个创新创意方案，其中包括"关于解决稠油螺杆泵井口在线计量难题"重要项目。其中一个备受关注的项目是关于稠油处理的创新创意。在这个项目中，她们成功解决了稠油处理难以实现低耗高效脱水的问题，这个创意得到了油田专家的一致好评，实现了稠油处理稳指标、保交油、创效益的目标。在推进工作室的创新成果转化推广工作上，张春荣也展现出了极高的热情和实力。她深知，只有将工作室的创新成果转化为实际的生产力，才能真正为企业创造价值，为降本增效贡献才智。

张春荣的一项专利"旋流式两相过滤器"已经得到了广泛的使用。这一过滤器现已在现河、滨南、临盘等地区的采油厂集输站库、油水井场站、注水泵站等场所推广应用，共计加工105套。项目实施后，工人清理滤网的时间大幅缩短，从原先的45分钟降低到了3分钟。同时，过滤器的运行时率也得到了显著提高，由原来的95%提高到了99%。这一改进提高了生产效率，降低了人工成本，为实现无人值守奠定了坚实基础。

值得称道的是，该项目已经作为油田现场标准化推广项目，在更广泛的范围进行推广应用。这证明张春荣的创新成果不仅在实际应用中取得了显著效果，还得到了行业内的充分认可。

除了"旋流式两相过滤器"，张春荣还设计了一种"采出水水质密闭监测装置"。这一装置已在现河、河口、纯梁、胜利采油厂6座站库的三相分离器和压力滤罐上安装应用60套。这一成果荣获全国能源化学地质系统创新成果一等奖，再一次充分证明了张春荣及其创新工作室在技术创新上的卓越实力。

此外，张春荣带领团队历经5年完成了一项重要的创新成果——"柱塞泵自冷式填料函总成"。经过13次改进和21次现场试验，她们终于使填料的使用寿命从原来的5到7天延长至150天以上。这一创新成果已在33台柱塞泵上推广应用100余套。更值得一提的是，该专利技术已经被许可给地方制造企业，真正地将创新成果转化为产品，为企业创造了实实在在的价值。

多年来，张春荣展现出了非凡的毅力和决心，带领工作室成员共实施了69项技术革新成果。这些成果不仅数量多，而且质量高，为企业的技术进步和生产效率提升做出了显著的贡献。

同时，张春荣还积极提报了18项QC（质量控制）成果。这些成果体现了创新工作室对技术创新的重视。在提出改善经营建议方面，张春荣及其创新工作室成员更是积极热情，她们共提出310条建议，其中有95条被认为是非常有价值的"金点子"。这些建议涵盖了企业经营的各个方面，从生产管理到技术创新，都为企业的运营提供了参考。

她们的努力没有白费，许多成果得到了省级甚至是国家的认可。其中有35项成果获国家发明专利或实用新型专利，16项成果

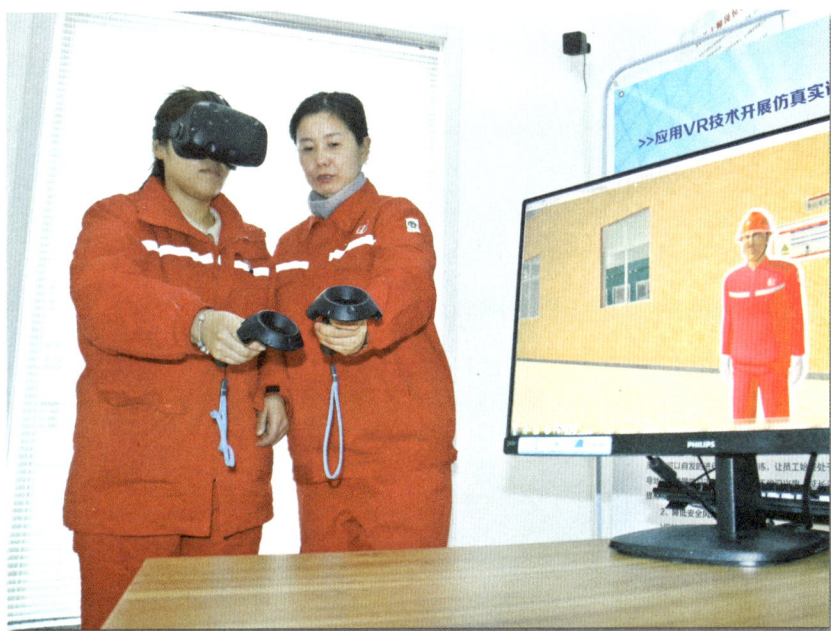

⊙ 2019年，张春荣（左）应用VR技术教授员工掌握标准化操作方法

获得了省部级成果奖，32项成果获直属单位级成果奖。

除了获得荣誉和奖项，张春荣及其创新团队还积极推进成果的转化工作。她们成功地将11项成果转化成实际的生产力，为企业带来经济效益。这些成果累计创效2800余万元，为企业的发展注入了强劲的动力。

由于在技术创新和质量管理等方面的突出贡献，张春荣创新工作室先后荣获全国优秀质量管理小组、山东省质量信得过班组等荣誉。这些荣誉不仅是对创新工作室的充分肯定，更是对张春荣个人努力奋斗的认可。

此外，张春荣创新工作室还被评为东营市首席技师工作站、齐鲁工匠创新工作室和中国石化示范性职工创新工作室。这些荣誉称号彰显了创新工作室在行业内的地位，也使工作室成为一个优秀的创新标杆。

第九章　辛勤奋斗终结得硕果

扫码解锁

◎群英颂歌 ◎初心使命
◎工匠技艺 ◎奋斗底色

五一奖章，传承分享

2019年4月13日，中华全国总工会公示，张春荣获得"全国五一劳动奖章"，这是胜利油田唯一获此殊荣的员工。

4月30日，在家人和同事们的真挚祝福下，张春荣走进了山东会堂，参加了山东省庆祝"五一"国际劳动节暨省劳动模范和先进工作者表彰大会，光荣地接受了省委领导的现场颁奖。

张春荣在2018年获得山东省劳动模范荣誉称号后，就养成了一个习惯，即每次从东营启程去各地参加颁奖典礼时，都会到当地采油厂分享经验、助解难题。此次获得全国五一劳动奖章后，张春荣分别到了临盘采油厂和鲁明公司济北管理区参加劳模工匠进班站活动，来到生产现场帮助基层员工解决生产难题，并和基层员工分享自己近些年的创新感悟和成长经历。

她的工匠精神感染了不少员工，他们纷纷表示，自己一定要向劳动模范学习，在岗位上发奋图强，努力争当新时代矢志创新、爱岗敬业的劳动模范。

⊙ 2018年5月，张春荣获得"山东省劳动模范"荣誉称号

再获荣誉，承前启后

2020年秋天，山东省总工会评选出了2020"齐鲁大工匠"10名、"齐鲁工匠"40名。张春荣凭借百折不挠、爱岗敬业的工匠精神和较强的技术攻关能力及模范带头作用，荣膺"齐鲁大工匠"称号。

山东省有一亿多人，自2018年起，山东省总工会每年仅评选10名齐鲁大工匠，此荣誉称号对张春荣来说虽来之不易，但也实至名归。在日常工作中，张春荣立足生产实际，准确围绕生产的难点、痛点、瓶颈搞攻关研究；工作之余，张春荣总是会捧着一本专业书籍仔细钻研，时而紧锁眉头，时而笑逐颜开，同事们都笑称"张春荣学傻啦"，但她并不介意。

张春荣始终是采油厂的顶梁柱，当生产上出现异常，员工有解决不了的问题时，心里第一个想到的能处理难题的是她；当引进新设备试运投产时，能够担当起员工技能操作培训的人还是她；当有急难险重的任务时，冲在前面的依然有她。张春荣永远是那个能创新、勇担当、善作为、敢拼搏的人。

⊙ 2021年3月，48岁的张春荣站在"齐鲁大工匠"颁奖台上

2021年3月23日上午，为了参加齐鲁大工匠颁奖典礼，张春荣前往济南报到，下午两点整便马不停蹄地与其余获奖人员一起练习《齐鲁工匠》之歌。经过4天的辛苦排练，3月26日晚，张春荣庄重地走进山东省电视台演播大厅。

三年前，张春荣第一次来到这儿，只是和40名第一批齐鲁工匠一起坐在观众席上观看颁奖典礼，当时她的心中满是敬佩和羡慕。而如今，时过境迁，张春荣作为一名获得第三届"齐鲁大工匠"称号的胜利油田女工，她感到无上的光荣和自豪。

在组委会的安排下，张春荣第四个上场。在候场区时，张春荣就十分紧张，她一直期待自己高光时刻的到来，激动的心情无以言表。

在2020齐鲁大工匠颁奖典礼现场，栏目组贴心地为每一位齐鲁大工匠都设计了两分钟左右的纪录短片。张春荣的专题片感动了现场的观众。

纪录短片播放完毕，主持人说道："有请齐鲁大工匠、中国石油化工股份公司胜利油田分公司现河采油厂胜利油田集输技能大师，张春荣！"

随着转盘的转动，张春荣逐渐出现在大众视野，她激动地走向舞台中央，向观众席挥舞着手臂，和大家问好。

伴随着气势磅礴的音乐，主持人铿锵有力地念出组委会给予齐鲁大工匠张春荣的颁奖词："苦练出绝活儿的石油集输技能大师，做家务也能发明创造的英雄母亲，张春荣，畅通石油动脉的巾帼豪杰，滚滚黑金离不开的'石油红'！"

此时，张春荣的心里更多感受到的是责任和压力，她暗暗发誓，接下来仍将立足岗位，努力为企业创新创效，把创新创意成果转化为更高水平的生产力，把自己毕生的绝活儿绝技传授给更多的青年人才，培养出更强的革新能手，为企业的高质量发展贡献力量。

随后，在主持人的指引下，84岁的中国工程院院士顾心怿迈着灵活矫健的步伐走到舞台中央，亲手将齐鲁大工匠的奖杯颁发给张春荣。顾心怿院士说道："胜利油田已经为国家贡献了十几亿吨石油，这些都离不开像张春荣一样的工匠的辛勤劳动和钻研创新。她们的创新创效成果在生产一线被推广应用，不仅减轻了工人的劳动强度，提高了生产效率，还产生了经济效益，为建设社会主义现代化强国做出了贡献，非常值得我们学习。"张春荣泪水充盈了双眼，只有她自己才能明白这些年的艰辛与不易，幸而一切都是值得的。

成为一名齐鲁大工匠后，张春荣先后到东营市渤海工匠学院、山东胜利职业学院等院校，富海、科达、中国万达、海科、华泰等企业参加工匠精神宣讲共计15次，激励了一大批青年员工，她说："我们的青年员工们，要立足当前，着眼未来，树立人人都是创效主体，岗岗都是创效源泉的理念，勤奋工作，这样才能在岗位上创造更大的价值！"

⊙ 张春荣在山东胜利职业学院进行工匠精神宣讲

师生和谐共处，徒弟真情回馈

张春荣总是将自己的知识技能毫无保留地传授给徒弟们，很多人都会问她："你这样就不怕'教会徒弟，饿死师傅'吗？"

张春荣每次都摇摇头，说："我把每个徒弟都当成自己的孩子一样看待，他们学得越多，变得越优秀，我就越骄傲，越有成就感。"

正是在这样无私精神的影响下，包括张春荣徒弟在内的所有创新团队的成员也都选择把自己掌握的知识技能无私传授给更多的人。在此，张春荣的徒弟们也有许多心里话想说。

崔丽："2016年是我成长的重要转折点。有一天，师傅给我打电话，问我有没有意向参加中石化注水泵工技能竞赛。我当时很惊讶，因为我一直都从事原油处理工作，日常工作中也没有接触过采出水处理，毫无知识储备。最重要的一点是，我当时在为参加2016年油田集输工技能大赛做准备，而且有很大的把握拿到好的名次，不知道该如何取舍。于是，我把自己的想法告诉了师傅，师傅听后也很理解我，但是她说，要勇于接受新的挑战，把握提升自己的机会，毕竟能够参加中石化技能大赛的机会是不多的。我考虑了很长时间，最终选择听师傅的话，挑战自己，并拿到了之前想都不敢想的金奖。油田'三册'管理逐渐落实，这几年积累的集输工、注水泵工等岗位技术以及信息化的知识储备让我在工作中仍然游刃有余，这些都得益于师傅在我成长道路中的辛勤培育、指点。我对师傅的感激是说不尽的。"

王海荣："师傅的严谨细致超乎我们的想象，也在潜移默化中影响着我们。师傅每次指导我们写论文的时候，都是逐字逐句地抠细节。有一次，我在比赛前练兵的时候，做三保拆离心泵操作总是超出规定时间，师傅见状，就把她当年练习的经验事无巨细地传授给我。从摆放工具用具，到拆卸零件，每个细节师傅都会手把手教给我。不仅如此，师傅还会在工作之余陪着我在练兵场上反复练习，耐心地指出我操作的不足之处。练兵过程中遇到不会的问题，我习惯向师傅寻求帮助，她每次都会不遗余力地给我讲解，直到我真正学会。很快，师傅对我的帮助起了巨大的成效，我操作的速度不断提升，动作也越来越到位，在那次比赛中，我牢记师傅的嘱托，夺得了第一名的好成绩。"

任广智："印象最深的是我第一次参加技术比赛的时候，我十分紧张，毕竟是第一次登上赛场，没有任何经验，害怕最后的成绩不理想，既辜负了自己的努力，又给师傅丢了脸。师傅注意到我手足无措的样子，轻轻地走到我面前，和蔼可亲地问我吃早饭了没有，那一刻，我紧绷的神经突然放松了下来，压力也变小了。师傅

⊙ 2021年，张春荣（右）教授徒弟流量计相关知识

和我们相处也十分融洽，平日里，当大家称她为大师时，她总是笑着说自己'hold'不住，还是喜欢听大家叫她一声姐姐。"

端牢能源"饭碗"，永续油田"胜利"

2021年10月21日，习近平总书记亲自前往胜利油田视察工作，一下车就询问胜利油田的生产态势和开发潜力。

"石油能源建设对我们国家意义重大，中国作为制造业大国，要发展实体经济，能源的饭碗必须端在自己手里。"习近平总书记强调，要加大勘探开发力度，夯实国内产量基础，提高自我保障能力；要集中资源攻克关键核心技术，加快清洁高效开发利用，提升能源供给质量、利用效率和减碳水平。

张春荣创新工作室全体成员牢记习总书记的重要指示，以实际行动践行"我为祖国献石油"的责任担当，挖掘石油宝藏，依靠科技赋能，积极探索"互联网+学习"、实践、创新的模式，着眼高效、低碳和集输行业领先，以服务技能素质提升、数字技术进步和减污降碳增效为核心目标，不断提升业务能力，努力成为有理想守信念、懂技术会创新、敢担当讲奉献的技能人才。

同时，张春荣注重对一线员工和技能人员的多方面培训，她充分发挥创新团队在技术技能方面的优势，努力做好传帮带工作。依托张春荣创新工作室和"春荣云讲堂"，帮助员工快速成长为具备优秀技能的骨干力量。通过不断加强培训和实践，提高员工的技术能力和创新意识，推动团队的整体素质不断提升。

为了让技能人才在服务企业、助力区域经济发展中展现更大作为，张春荣落实合作共赢战略，与多家地方企业签订培训协议，为其授课，逐渐打开技能人员发挥价值的新通道。张春荣努力为国家培养一批批青年拔尖人才和大国工匠，发掘更多的千里马让其竞相奔腾，让他们在各自的领域中发挥出最大的潜力，为推动国家人才建设做出自己的贡献。

张春荣不断践行绿色发展理念。在胜利油田开展的生产难题揭榜挂帅活动中，张春荣积极参加并主动带领创新工作室成员攻坚克难。他们围绕绿色低碳高质量发展的要求，开展套管气或者挥发气密闭回收及能源再利用等技术研究。通过这些研究，成功实现了VOC_s的有效治理和碳排放目标，努力完成"油不落地、气不上天、水不外排"，助力黄河流域生态保护和高质量发展。针对当前油田页岩油开采规模不断增加的现象，张春荣将带领创新团队围绕"如何实现页岩油低温高效脱水"等问题，开展技术研究攻关，尽快实现成果的快速转化，推动油气增储上产，聚焦自主创新和节能减排，以胜利油田为起点，不断迈向新的胜利，为保障国家能源安全和高质量发展做出更大贡献。

张春荣始终以做一名新时代知识型、技能型、创新型石油女工为自己的人生信念，对党忠诚，追求提升，牢记初心，不忘使命，尽展新时代巾帼风采。她将继续带领创新工作室全体成员，以满足东营、胜利油田高质量需要、员工进步成长需求为目标，践行并弘扬追求卓越、立足创新的新时代工匠精神，全力创造价值，在创新的道路上不断耕耘，以实际行动彰显"强国复兴有她"的使命担当，为构建中石化一基两翼三新的产业格局再立新功、再创佳绩。

中国的石油工业从来不缺少巨人。早在20世纪60年代，"宁肯少活二十年，拼命拿下大油田"的大庆油田就产生了影响几代中国人的"铁人"王进喜。老一代石油人用自己的青春，甚至生命让中国摘掉了"贫油国"的帽子，也为此后的工业发展贡献了源源不断的血液与动力。当前，石油仍然是支撑一个国家工业发展，乃至整个国民经济的基础要素之一，而正是因为石油战线今天仍然有像张春荣一样无私奉献、锐意进取的新一代大国工匠，中国才一直走在引领世界发展的最前沿！